U0871855

主编介绍

上海城方租赁住房运营管理有限公司（以下简称“公司”）是上海地产集团租赁业务专业化、市场化运作的运营服务公司。

公司紧紧围绕上海地产集团发展战略及其功能类企业职能定位，致力于成为市政府认可的功能型品牌和地产集团的重要业务板块，打造具有标杆性市场化运营机制的混合所有制上市主体。

公司立足打造“城方”租赁住房运营服务品牌，以“都市梦生活”为品牌核心理念，以“让更多人安居都市、宜居生活”为愿景，为留在城市的各类人才提供更好的生活和发展服务，努力形成市场稳定器、人才孵化器、资产优化器、生活加速器、文化培育器。公司力求以磅礴的造城之势和智慧化的运营管理，助力构建新型租住体系，服务于“上海 2035”，为上海建设卓越全球城市作出应有的贡献。

编 者 按

牢牢坚持“房子是用来住的、不是用来炒的”定位，规范和发展租赁住房市场，完善长租房政策等一系列措施，标志着中国住房租赁行业将迎来新的发展与变革期。

住房租赁行业属于服务业，运营管理服务是关键。既要为客户提供长期有效的服务，同时作为住房租赁企业自身也要有可持续的盈利能力，企业盈利，行业才能得到长足发展。

在新的格局之下，如何解决大城市住房问题，行业全产业链应各自扮演好各自的角色，共同提升运营服务水平，真正促进行业向前发展，为城市创造更多价值。

本辑《租赁居住权益服务》围绕“服务”核心，试图通过行业深度研究、趋势研判、研发经验、实践成果案例等多个维度，探索多元化租赁住房运营发展之路，以租赁住房空间为载体，提供更多城市租赁权益服务，为未来行业的变革与发展呈现可借鉴的参考。

CONTENTS

目录

专题研究

04 严监管之下，行业多元化经营发展路径的探讨

王伟 / 文

DISCUSSION ON THE DEVELOPMENT PATH OF INDUSTRY DIVERSIFICATION UNDER STRICT SUPERVISION

14 行业变革期 住房租赁企业运营新思路

亿翰智库 / 文

NEW IDEAS ON THE OPERATION OF HOUSE LEASING COMPANY IN THE PERIOD OF INDUSTRY REFORM

20 从房间到社区，配套服务引领行业发展 赵然 / 文

FROM ROOM TO COMMUNITY, SUPPORTING SERVICES LEAD THE DEVELOPMENT OF THE INDUSTRY

生态实践

26 围绕住房租赁市场，城方打造多元消费服务体系闭环

易居企业集团 · 克而瑞租售事业部 / 文

THE CITY WONDER CREATES A CLOSED-LOOP MULTI CONSUMPTION SERVICE SYSTEM IN THE HOUSE LEASING MARKET

36 软硬件一体的智慧生态，让多元租住运营服务更高效
高利丹 / 文
THE INTELLIGENT ECOLOGY OF SOFTWARE AND HARDWARE INTEGRATION MAKES DIVERSIFIED TENANCY OPERATION SERVICE MORE EFFICIENT

42 智慧租赁地产运营管理带动的创新业务实践
中通服软件科技有限公司 /文
INNOVATIVE BUSINESS PRACTICE DRIVEN BY OPERATION AND MANAGEMENT OF SMART HOUSE LEASING ESTATE

48 社会集约化能源运营助力租赁行业更好服务
蔡明 / 文
SOCIAL INTENSIVE ENERGY OPERATION HELPS HOUSE LEASING INDUSTRY TO SERVE BETTER

52 装配式内装为租赁住房运营服务减压
李亚芳 / 文
PREFABRICATED INTERIOR DECORATION FOR THE OPERATION OF HOUSE LEASING

56 整合多元租住服务，构建成熟宜居公租社区
王颖 / 文
INTEGRATING MULTIPLE HOUSE LEASING SERVICES TO BUILD A MATURE AND LIVABLE PUBLIC HOUSE LEASING COMMUNITY

业界思考

60 浅析大型租赁社区与集中式长租公寓的区别
杨秀超 / 文
THE DIFFERENCE BETWEEN LARGE-SCALE HOUSE LEASING COMMUNITY AND CENTRALIZED LONG-TERM LEASING APARTMENT

66 租赁住房市场发展的关键词思考
胡世杰 / 文
KEY WORDS OF HOUSE LEASING MARKET DEVELOPMENT

生活美学

72 多元运营服务激活缤纷生活
王沁 / 文
DIVERSIFIED OPERATION SERVICES ACTIVATE COLORFUL LIFE

80 租住生活下的衣之美与食之美
殷田 / 文
THE BEAUTY OF CLOTHES AND FOOD IN THE LIFE BY HOUSE LEASING

DISCUSSION ON THE DEVELOPMENT PATH OF INDUSTRY DIVERSIFICATION UNDER STRICT SUPERVISION

严监管之下，行业多元化经营发展路径的探讨

王伟 / 文

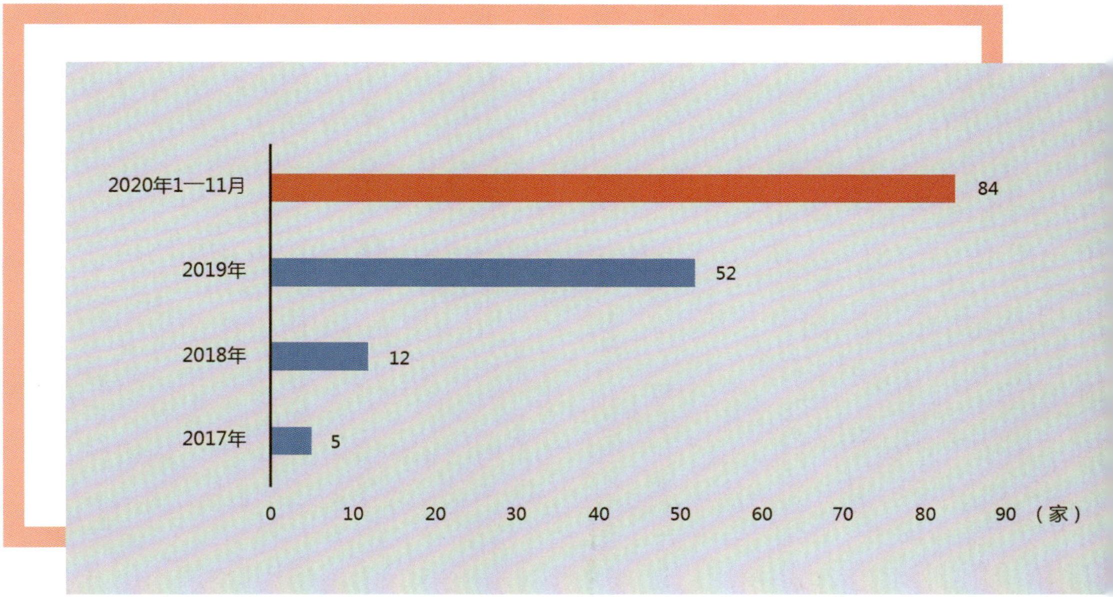

图 1　2017—2020 年公寓企业爆雷数量

2020 年，在整体经济大环境承压的背景下，住房租赁行业负重前行。一季度，突如其来的新型冠状病毒疫情促使企业开始反思租赁行业发展的内在逻辑；二季度，行业发生一些新的变化，企业开始聚焦资产质量，弱化规模指标，主动调整优化资产结构；三季度，不同城市之间租赁市场的差异化表现，让商业逻辑再次回归市场需求本身，涨跌的背后体现的是城市经济、产业结构、人才结构的分化。

同时，市场爆雷频发，蛋壳公寓事件给 2020 年孱弱的租赁市场最重的一击，多个地方政府集中出台租赁市场监管政策。未来，在严监管和不同城市的发展现状下，租赁行业和企业是否有新的发展路径，是一个值得思考的命题。

一、负面事件频出，加速行业变革

1. 企业经营陷入困境，爆雷事件频发

2017—2020 年，超过百余家长租公寓公司爆雷出局。截至 2020 年统计日，长租公寓爆雷数达 84 家，大多数的爆雷原因均为采取“高进低出”“长收短付”经营模式，即高价收入房源，低价出租，导致企业资金链断裂。同时，2020 年爆雷企业多集中在分散式公寓，作为分散式头部企业的蛋壳公寓一系列爆雷事件更是引起了行业极大的动荡和风波。

2. 政府监管日趋完善，市场向着规范化、完善化、更健康的方向发展

租赁行业黑中介、企业爆雷等负面事件频发，对社会产生了巨大的负面影响，导致租客和业主蒙受了重大的经济损失，引起了政府部门的高度重视。2020 年，各地围绕加强住房租赁金融业务监管，针对“高进低出”“长收短付”、租赁合同网签及备案、建立企业信用评级等方面完善市场监管体系，累计出台相关监管政策 214 条。一系列监管措施的落地实施和打击违法行为行动的开展，很大程度上推动行业不

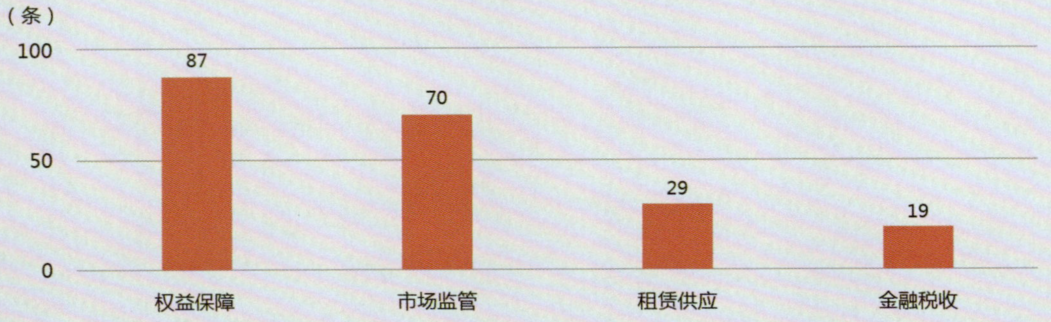

图 2 2020 年 1 月至 10 月各类政策分类情况
资料来源：CRIC 整理

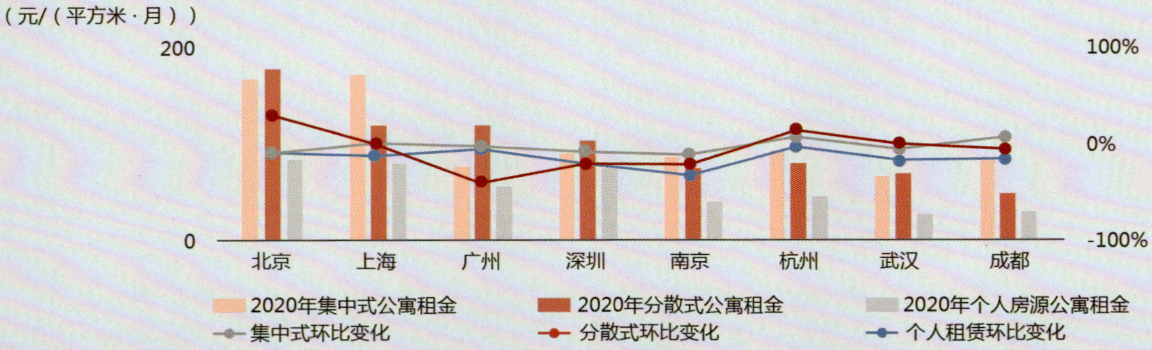

图 3 2020 年租赁重点城市租赁房源坪效及环比变化
资料来源：CRIC 城市租赁系统

断规范化发展，倒逼企业不断提升运营能力和防范金融风险。

二、城市差异较大，租赁市场存在结构性机会

1. 一线城市租赁市场价值最高，城市租赁需求受益于产业带动

1）2020 年整体需求恢复不及预期，上海、深圳市场表现更好

2020 年受新冠疫情影响，租赁重点城市的集中式、分散式、个人租赁房源租金价格均呈现出不同幅度的下跌趋势。2020 年下半年随着疫情的好转及此前毕业旺季的需求释放，租赁市场在 7 月达到峰值， 随后连续下跌，租赁市场逐渐转入淡季。

从城市能级看，上海、深圳等一线城市租赁市场的价格最高。一线城市各类租赁房源平均坪效为 107 元 /（平方米·月）；二线城市中杭州、南京，各类型租赁房源坪效有涨有跌，市

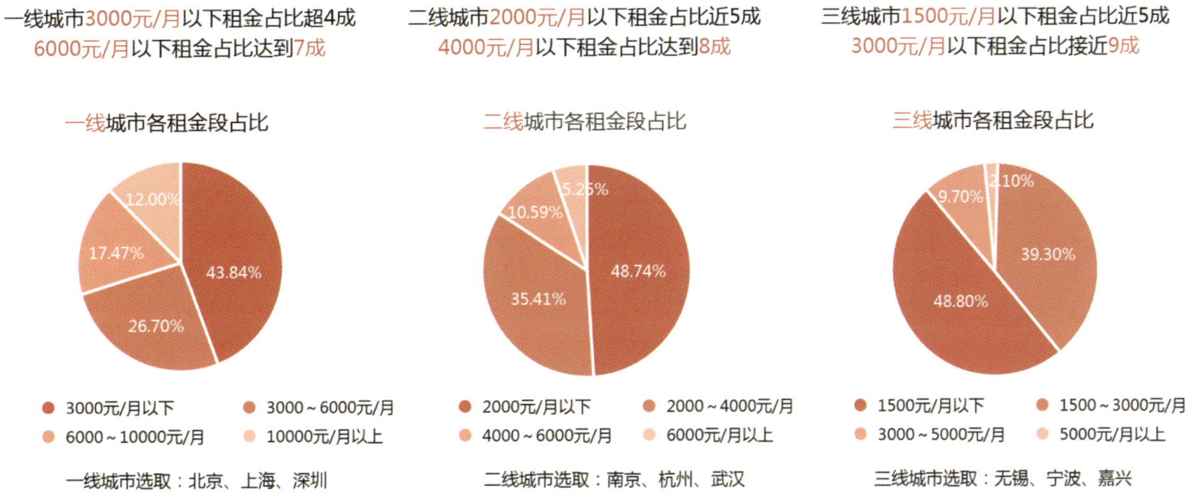

图 8　重点城市市场租金需求情况
资料来源：CRIC 城市租售系统

3. 每个城市存在细分市场需求，需因地制宜

从市场需求的角度来看，各城市租赁市场差异巨大，尤其重点一、二线城市，差距很大。根据统计数据来看，一线城市 3000 元 / 月以下租金占比超 40%，而二线城市 2000 元 / 月以下租金占比近 50%，4000 元 / 月以下租金占比达到 80%，三线城市 3000 元 / 月以下租金占比近 90%。

结合市场数据来看，目前租赁还处于比较初级的阶段，受城市居民收入和生活方式的影响，市场需求以中低端为主，对租金的敏感度较高。所以，从未来租赁住房的供应角度来看，需要根据有效需求进行相应匹配。

1）中心型城市：对于周边城市人口有虹吸力量，租赁需求保持旺盛

核心一线城市中，上海无疑是经济质地最好的城市，产业结构合理，涵盖从服务业到高端智能制造。2019 年上海 GDP 达到 38155.32 亿元，比 2018 年增长 6.0%，按常住人口计算人均 GDP 达到 13.0 万元，具备较强的支付能力。同时，接近千万体量的外来人口为上海提供了强劲的市场需求，庞大的办公人群及新增招聘人口决定了上海租赁市场的活力较强，稳定性较好；同时，上海较强的支付能力，能提升租金的上限空间。

2）产业型城市：由于产业导入，带来新的租赁需求

对于杭州、成都等城市来说，产业规划主要以服务业为主，工业现代化，城市发展注重规模与质量并重，在人才规划上积极吸纳人口，租赁市场尚处于培育期。这些城市的产业发展会带来新的租赁需求，将是租赁企业考虑进入的重点区域，对于运营商来说也是新的发展机会。类似的机会也将存在于武汉、重庆等城市。

以二线城市成都来看，产业布局合理，由于产业导入，产生新的租赁需求。成都作为 12 个首批开展住房租赁试点的城市之一，随着人才引进政策加码，加之“宜业宜居”的强 IP 城市特性，吸引了大量来此创业、就业、居住的年轻人。成都产业布局相对均衡，是西南地区的科技、商贸、金融中心和交通枢纽，国家重要高新技术产业基地、商贸物流中心和综合交通枢纽，六大产业协调发展，人才吸引力高，央企、

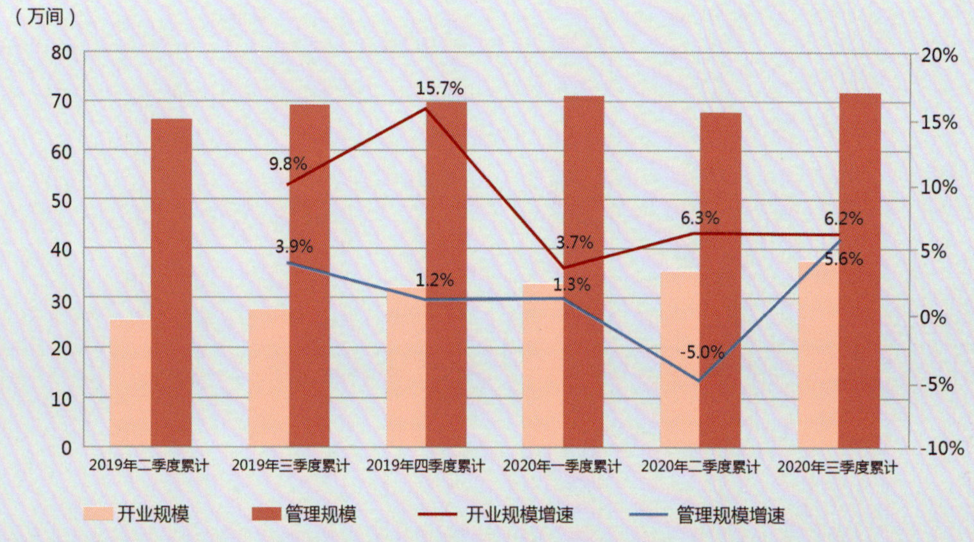

图 9　2019—2020 年 TOP20 房企长租公寓企业规模变化
资料来源：CRIC 城市租售系统

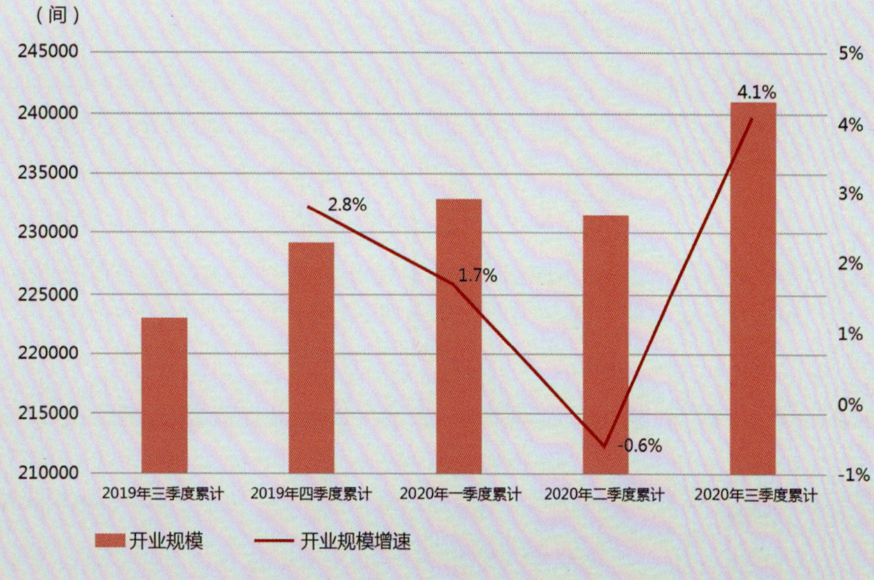

图 10　2019—2020 年运营商长租公寓开业规模情况
资料来源：CRIC 城市租售系统

民企、高新科技均衡发展，经济稳定。

三、企业方向由重规模转向强运营，加强运营能力是最好的出路

1. 行业规模整体增速放缓，三季度有所恢复

2020 年三季度，房企长租公寓整体规模拓展恢复增长，环比增长 5.6%；新开业规模增长 6.2%，与二季度持平。疫情对企业经营的影响正逐步褪去，经过上半年内部资源结构优化，企业资产质量也得到一定提升，在稳经营的同时企业开始着手筹备增长。

截至 2020 年三季度，品牌运营商长租公寓的开业规模累计约 24.1 万间。三季度，运营商积极调整经营情况，整体开业规模环比小幅上涨 4.1%。但受需求恢复不及预期影响，整体拓展持续收缩，企业仍保持谨慎态度。

2. 加强运营能力，租赁企业探索新方向

1）由白领公寓向上挖掘中高端人群需求——服务式公寓

以某企业为例，一直聚焦于白领公寓市场，近两年也开始向上挖掘中高端租赁需求的机会。在商圈围绕、交通便捷、区位优越的区域布局，根据中高端产品定位，关注产品品质，布局服务式公寓。

室内配套设计与家居方面：涵盖一居室和二居室，以一房为主，户型方正，空间利用率较高，室内装修精致，配置品牌家电。

公区及服务方面：公区设施齐全，但使用频次较低，客

图 11　服务式公寓室内配套
图片来源：品牌公寓官方网站

图 12 服务式公寓室内配套
图片来源：品牌公寓官方网站

户不常在公区活动，设收费车位、24 小时前台接待、行李寄存、安保、维修、客房管理；每周一次客房保洁。

疫情期间出租率仍保持 91%，主要辐射周边产业园客户，稳定性较高，部分签约企业承担部分或全部租金。其中，公司中层管理人员、事业单位工作人员或公务员、专业技术人员及自由职业者的比例较高。

2）市场下沉，挖掘蓝领群体需求——产业园蓝领生活社区

在 2020 年疫情的冲击下，蓝领公寓表现出了更好的稳定性。某些企业面向产业园区企业提供住宿服务，通过创新的政企银合作模式运营，积极参与地方政府、银行、各地地产企业合作发展，打造以园区企业住宿服务为核心的公寓产品。同时，配以少量白领公寓及商业配套。打造集宿型房间、白领公寓产品，满足园区内职工的多样化生活及日常消费需求，也辐射周边产业园区及居民区，形成规模集聚效应，带动区域经济。

3. 聚焦基础服务，逐渐完善多元化服务

未来，行业在经历了必要的新陈代谢之后，将由追求规模化的粗放式发展阶段迈入精细化发展阶段，将进入以运营为核心的 2.0 多元化品牌阶段，每家住房租赁企业都将根据自身的优势来制定未来的发展策略。每一种类型的住房租赁企业自上而下的发展逻辑也会有所不同。

例如，随着物联网和大数据技术的不断发展，部分企业开始涉足智慧租赁。头部企业依托自身的品牌优势开始构建

图 13 服务式公寓公区
图片来源：品牌公寓官方网站

自己的互联网生态圈，运用大数据和云计算技术，收集租客自身偏好数据，准确定位租客需求，提供精准对位的租赁增值服务，提高运营效率。未来，还将探索更多新消费、新服务、新业态等新领域的新合作，构建全新租住生态圈。

四、结语

回顾 2020 年，租赁行业经历了巨大的变化。

第一，在政策加码和企业爆雷之下，租赁市场中的各个参与方开始以理性的态度审视企业发展模式和市场的发展方向。在同质化的红海竞争中，企业开始根据自身的优势制定未来的发展策略，寻求差异化路径，寻找新的成长路径。

第二，行业继续向精细化运营管理阶段推进，企业由追求“量”转向“质”。在市场完成起跑阶段后，形成初步的竞争格局，具备品牌和规模优势的头部企业，开始着力于提升运营和经营质量。

下一阶段住房租赁企业突围的路径必然聚焦细分市场需求，寻找新模式。结合市场需求，从企业基因、资源禀赋及优势领域出发，未来有望形成多元化的企业发展模式。无论哪一类型的细分市场，要实现服务和管理的精细化，都需要全面提升运营的含金量。

展望前景，租赁行业空间巨大，但尚未到真正收获的时节。大运营时代，对于每一类参与方，都有发挥的舞台和机会。尤其对于房地产企业而言，租赁已成为多元化布局的一大主航道，在红海竞争之外，挖掘城市细分市场空间，全面提升精细化运营能力，成为下一阶段的关键点。

图 14　服务式公寓公区
图片来源：品牌公寓官方网站

作者简介

王伟
易居企业集团·克而瑞租售事业部总经理。

NEW IDEAS ON THE OPERATION OF HOUSE LEASING COMPANY IN THE PERIOD OF INDUSTRY REFORM

行业变革期 住房租赁企业运营新思路

亿翰智库 / 文

2020 年是繁杂多变的一年，住房租赁行业经受了多番考验，频繁的企业变动使行业长期处于舆论的风口，加之年初疫情袭扰，租赁企业面临着空置率高企的重压，行业变革进入加速阶段。

与此同时，因租房群体结构的转变，对于租赁住房生活品质的要求也不断提高，如何为广大租赁群体提供更加舒适的租赁体验是租赁企业面临的新课题。

一、租赁行业监管强化，重塑市场信心

1. “十四五”定调，“租购并举”深化

2015 年“租购并举”首次在中央经济工作会议中被提出，2017 年“加快建立多主体供给、多渠道保障、租购并举的住房制度，让全体人民住有所居”成为十九大议题，培育租赁市场健康发展毫无争议已成为政策。

2021 年，作为“十四五”规划的开局之年，对于坚定推进租购并举的住房制度肩负着重要使命。“十四五”规划再次强调房子的居住属性，有效增加保障性住房供给，探索支持利用建设用地按照规划建设租赁住房，完善长租房政策，扩大保障性租赁住房供给。目前全国已有 13 个城市进行集体用地建设租赁住房试点，预计未来将会向更多城市扩散。

2. 爆雷事件频发，行业变革提速

2017 年至今，住房租赁企业频繁出现爆雷事件，涉及房东、租客的规模成倍数增长，社会舆论也将其置于风口。据不完全统计，截至 2020 年 11 月，已有约 115 家住房租赁企业因资金链断裂爆雷，其中多数采取了长收短付、高收低租以及租金贷等错位的运营模式，不仅导致企业的生存危机，更给广大的租房群体造成了经济损失。

为促进住房租赁市场健康发展，2019 年住建部等六部门联合整顿规范住房租赁市场秩序。2020 年 9 月，住建部发布《住房租赁条例（征求意见稿）》，其中对出租人、承租人、租赁企业的权利和义务进行全面规范，作为我国首部国家级住房租赁条例，其内容直指行业乱象，将为规范行业，促进租赁市场健康稳定发展奠定重要基础。

“十四五”规划中对完善长租政策的要求也再次表明，国家对住房租赁行业发展的高度重视。各地政府积极响应优化行业环境号召，陆续上线住房租赁服务平台，力争为租房群体营造公开透明、安全放心的租赁环境。

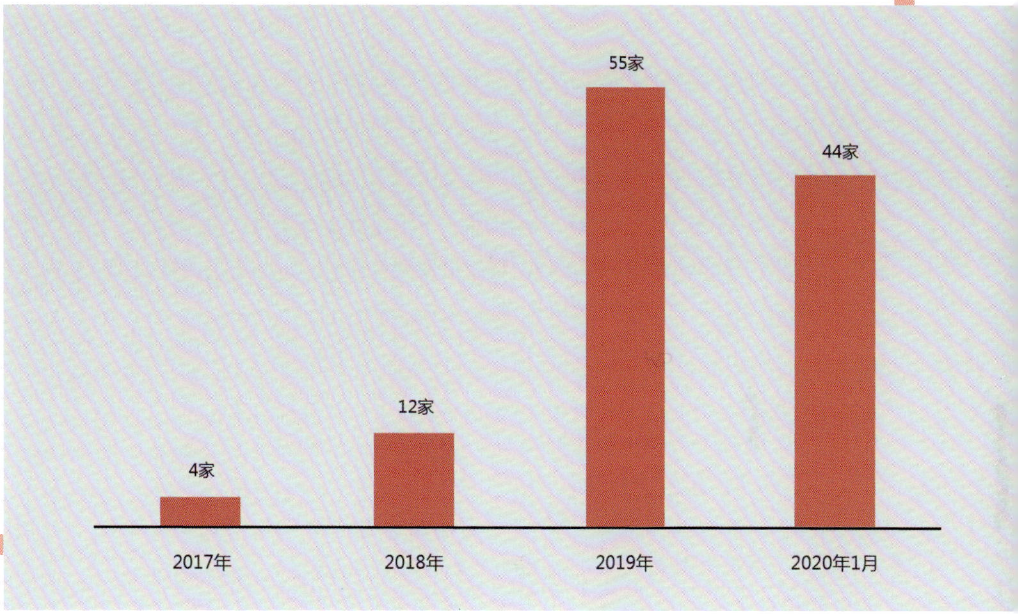

图 1 2017-2020 年住房租赁行业爆雷企业
资料来源：亿翰智库整理

3. 市场热度回升，“精细化运营”提供发展新思路

2020 年年初受新型冠状病毒疫情影响，整个租赁行业出租率大幅下滑，租金水平同步下调，一线城市租金自 3 月开始连续 3 个月下行，截至 5 月一线城市租金已跌至 73.83 元 /（平方米 · 月），同比减少 3%。

此后，随着疫情防控取得成效，各地复工复产持续推进，在头部租赁企业精细化运营支撑下出租率迅速回暖，疫情造成的缺口快速补全。6 月起，部分品牌租赁企业在营门店出租率均回升至疫情前水平，甚至实现满租。经历过市场的选择，如今住房租赁企业已开始从过去的粗放式增长过渡到精细化运营，向着健康、快速的发展目标迈进。

在国家政策的引导下，各地政府及相关部门也陆续增加对市场环境的调整，租赁企业更加积极应对，不断优化全新的运营思路，试图探索出一条能够提升租赁生活体验的最佳路径。

二、精细化运营，提供优质租赁体验

1. 客户导向贯穿运营流程

社科院出版的《房地产蓝皮书》中指出，我国将进入“白领时代”，国民对于居住生活品质的需求不断提升，在行业回归居住本质的当下，租赁企业将发展的核心对准租客需求，以更加优质的产品及服务满足客户对居住品质的需求。那么，真实的客户需求如何把控？潜在的客户如何挖掘？如何实现产品服务品质的提升，也成为租赁企业需要深度探讨的话题。

作为保障人们生活居住的载体，根据当前市场需求，租赁住房产品以紧凑集约为主。当前市场的租赁产品根据客群的不同大致分为服务式公寓、白领公寓、蓝领公寓，其中以白领阶层为对标的白领公寓成熟度最高，以临近轨交的一居室等小户型为主，同时配以精装修及完整家居配置，为大多数租客提供拎包入住的便捷租住体验。

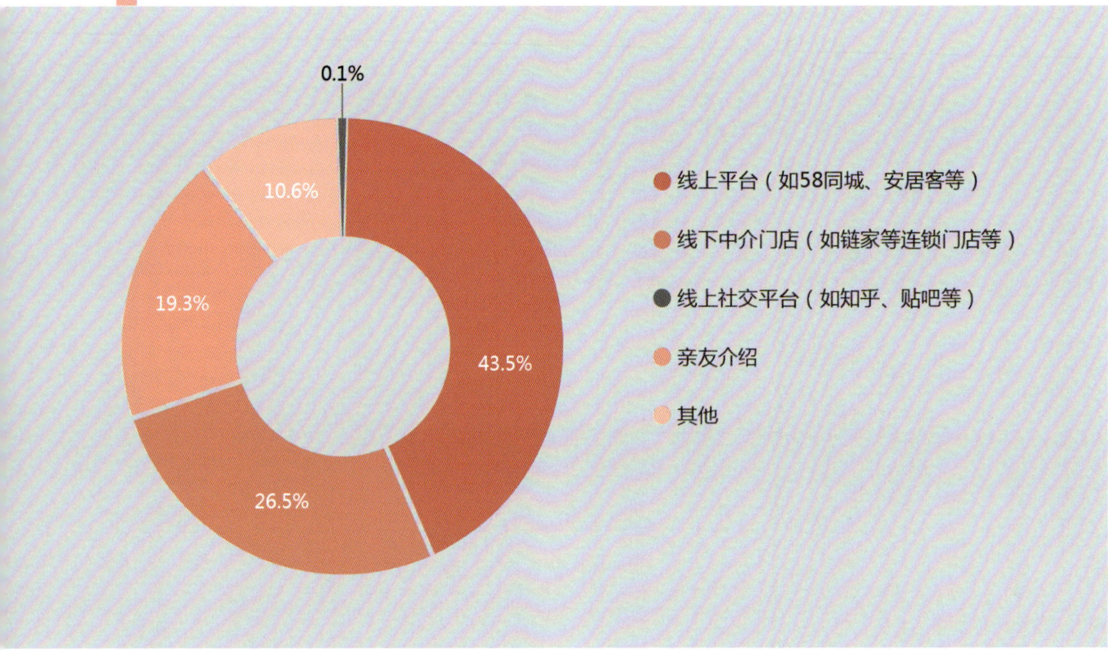

图 2 “90 后”租房群体租房渠道
资料来源：亿翰智库整理

住房租赁行业经过几年的快速发展，市场竞争也愈加激烈。为快速抢占市场，规模化发展是多数企业选择的路径，为实现标准化产品的快速落地，行业参与者们相互效仿，设计风格趋同、配套设备单一，同类型产品爆发式增长，同质化的现象也愈加明显。在变动频繁的市场环境中，租赁企业要实现突围，差异化运营是必然的选择。

为匹配不同的客户需求，租赁企业综合考量租赁客群的收入和年龄，应对消费升级下的细分市场，融入潮流元素及时尚艺术气息打造出不同定位的产品线，配以不同空间设计和配置标准，从而更好地匹配目标客群的居住需求。目前，为即时了解租客需求，多数品牌租赁企业已建立完善的客户满意度调研机制，根据客户反馈即时推进产品及服务的优化升级，实现客户需求的高效转化。

根据研究显示，在目前的租房群体中“90 后”占比已高达 61.3%，这部分群体富有个性，乐于社交，具有高消费能力，向往品质生活，因而在租赁产品的打造中除功能满足基本生活外，更要兼顾套内装修配置审美以及社区服务标准。

2. 科技赋能智慧租住生活

习惯于快节奏的生活，当代的年轻群体更热衷于便捷服务体验，而随着 5G、物联网、AI 技术的日益成熟，智慧化的生活已成为年轻客群热捧的生活方式。

在 2020 年年初，租客成为城市疫情防控的关键，因群体较强的流动性，防控难度较大，而作为保障该群体居住生活的租赁公寓企业，也感受到了疫情防控的难度。租赁企业为保障租客健康安全，借助智能系统和互联网大数据技术，将租房的全周期流程移植到线上，从前期预约看房到后期签约入驻，均通过线上完成。满足无接触防疫要求之外，更开辟出一条便捷、高效的租房渠道，让租客们的租房生活更加简单。

抽样调查显示，在“90后”租客群体中，近半数租客选择通过线上平台达成租房协议，而选择线下租房的部分租客认为线下看房流程繁琐耗时，但考虑线上信息的准确性难以把控，因而被动地接受了线下渠道。随着行业监控的日益强化，线上住房租赁信息的公开性及透明度日趋增强，势必有更多的年轻租客会将租房行为转移到线上，体验到科技带给租房生活的便利。

除租房流程之外，物联网技术、AI技术也被应用到每一个租住生活场景中。人脸识别进入租赁社区，全景监控系统24小时守护社区内外安全。尤其在疫情期间，智能安防系统实时记录公寓来往人员路径，避免潜在危险，系统与属地公安的流动人员管理系统联网，将风险隔离在公寓之外。进入社区，智能门禁系统、智能门锁、智能家居将生活中的每个环节智能化，满足租住功能的同时，也让年轻租客们感受到租赁生活的乐趣。

进入数字化时代，经由高新技术包裹的租赁住房，为租客提供舒适、便捷租住体验的同时，更助推了租赁市场信息的公开透明，为租赁市场环境的优化贡献了一份力量。

3. 社群文化提升租客归属感

随着物质生活的丰富，年轻群体对于租住生活的需求也进入了更高阶段，传统单一的租房生活无法满足租客们精神层次的诉求。生活在陌生的城市，人们更加迫切地寻找认同感，而社群文化作为连接陌生人间最佳的桥梁，也成为租赁企业发力的方向。

由于住房租赁行业尚处于发展阶段，生活配套尚不完

备。而作为租赁市场的主力群体，年轻客群想法大胆、多元，对于住房生活的诉求更加丰富。供需双方的错配极大地降低了年轻人对所在城市的归属感，为人们之间的信任、交流设置了无形的屏障，形成了一种孤岛式租赁生态，一定程度上也加剧了人员的流动。为打破这种不健康的生态环境，建立志同道合的社群文化是必然选择。

目前多数品牌租赁企业已关注到租客精神层次的追求，聚焦于社群文化的建设，在社区中设置公共空间，为满足租客阅读、健身、艺术、娱乐等多元需求打造不同场景，助力社群文化的构建及发展。同时，在特定节日、休息日，租赁企业还会针对不同社群的不同偏好举办多元交流互动活动，如沉浸式话剧体验、电影交流活动、DIY 集市、读书会、交友会等丰富多彩的社群活动，让租客能够深度参与活动，强化社群文化体验感。如今，二次元文化发展势头强劲，品牌租赁企业还为其设置公共交流平台，帮助更多旅居他乡的年轻人找到同好，切实融入城市生活。总而言之，租赁社区中社群文化的建设、多元活动的开展，不仅满足了租客的社交需求，同时也为租赁企业增强品牌认同感增添助力。

三、预见未来社区

经历了 2020 年的疫情冲击，住房租赁行业改革的进程再度加快，洗牌节奏再次提升，租房群体对于生活品质的关注也提高到了空前的高度。租赁企业已陆续改变运营方向，以往将规模指标作为衡量企业运营能力的发展逻辑已不再适用，关注自身经营能力的提升和聚焦精细化运营是可预见趋势。

标准化的服务、有温度的社群文化以及智慧的租住生活已成为年轻租房群体决策的关键，增强租客与租客双向满意度已然成为租赁企业博得行业和客户认可重要路径。

未来，在人们生活品质诉求不断增加的催化下，更加丰富的生活场景将出现在人们的租赁生活中。当前市场中诸如收发快递、定期保洁、自动贩卖机等点状服务，将以客户需求为契机向更加多元的场景延伸，在满足租住生活所需的同时，更为租客打造“一站式”消费服务。全方位、多角度提供生活服务的租赁社区正在形成，让租客们在租来的房子中过上自己的生活，也已成为租赁企业倾力探寻的目标。

城方活力社区·申虹路店

FROM ROOM TO COMMUNITY, SUPPORTING SERVICES LEAD THE DEVELOPMENT OF THE INDUSTRY

从房间到社区，配套服务引领行业发展

赵然 / 文

2020 年 12 月中央经济工作会议指出要解决好大城市住房突出问题。住房问题关系民生福祉，要坚持“房子是用来住的、不是用来炒的”定位，因地制宜、多策并举，促进房地产市场平稳健康发展。

租赁住房作为我国民生住房的关键一环，起到稳定房价、促进消费、发展经济的重要作用，其中机构化运营的公寓与租赁式社区将是租赁住房市场的中坚力量。在这一背景下，如何通过服务与配套提高租住社区的幸福感是各企业所面临的新课题。

一、舒适多元的室内空间

房间是租赁住房项目中租客使用最多的空间区域，也是各品牌用心打造的空间。然而随着社会经济的快速发展，年轻一代的租客群体有许多个性化的居住体验和需求，他们需要的不仅仅是满足居住的功能空间，更需要符合自身性格与喜好的产品与服务。

从国际成熟市场经验来看，可以通过以下两种方式为租客群体提供多元的选择与服务：

1. 善用设计打造区域多功能性

由于小户型租赁住房整体面积及空间较小，所以经常会通过巧妙的设计，将不同功能区域进行重叠安置，最大化利用有限的面积。例如，巧妙利用推拉门和折叠式家具，将餐桌和座椅藏在墙体当中，在需要时即可快速打造用餐空间。

2. 室内家具多样性与可选性成为市场趋势

2020 年 10 月，英国最大的员工持股私人零售商 John Lewis Partnership（以下简称 JLP）宣布进入住房租赁市场，同时将为自身品牌的公寓租客提供旗下 John Lewis Home（以下简称 JLH）产品和 Waitrose 食品。为租而建（Build to Rent）的方式，使 JLP 可以从资产管理的角度综合考量家具的配置成本与其所带来的收益，从而在为消费者营造舒适居住空间的同时最大化提升品牌效益。

除此之外，JLP 的租赁住房产品也成为 JLH 家具的最佳展示与沉浸式体验空间，在为消费者提供多样化家具选择的

同时，也让消费者长时间亲身体验 JLH 的优质产品，培养消费者的消费习惯、产品使用习惯和品牌黏性与忠诚度。

与英国有所不同的是，美国的租赁住房产品大多不提供家具，仅提供基础硬装，这也促使美国家具租赁行业高度发达。

从供给端考量，资产持有方极大降低了家具的采购与维护成本，并且减少相应人力，从而提高运营效率，同时也可以让消费者以较低廉的价格租赁到心仪的房屋。

从需求端考量，美国住房租赁市场发展成熟，租房已成为部分人的生活方式。因此常年租房居住的消费群体更加倾向选择自行购买或租赁符合自身需求的家具产品来营造自己的家。

图1　JLP 的租赁住房产品
图片来源：pixabay

图 2　因需制宜营造宠物友好型社区
图片来源：pixabay

二、因需制宜的楼宇配套

“城市让生活更美好”不仅体现在租客群体住的需求，更体现在生活便捷性、舒适性和被尊重感。公共区域和配套商业从功能上来看，可以为租客提供配套的生活、娱乐休闲、社交等服务，但部分项目实际使用率较低，可见如何精准匹配消费者需求是需要持续研究的课题。

饲养宠物已经成为现代年轻人的主流生活方式，通过对比研究国际租赁住房行业成熟市场的发展历程和经验，可以看出租赁住房是否允许饲养宠物这一议题在各成熟市场早期均有所探讨与研究。而现阶段各成熟市场已在探讨、研究如何清理宠物异味、是否应提供宠物美容、室内运动场等一系列更为深入的细节问题，这表明成熟租赁市场的项目中允许饲养宠物已成为多数运营商的共识。从其行业发展来看，虽然饲养宠物会给公寓造成一定的损失，但其为租赁住房企业带来的收入远大于成本支出，可见宠物友好型社区对于运营商、租客、宠物而言是一个“三赢”的选择。

住房租赁项目的商业配套应符合该项目客群的需求与项目定位。

商业地产中存在一个著名的术语叫“星巴克效应”，即在星巴克咖啡店 1/4 英里范围内的楼宇，升值比没有星巴克的地区快，而在美国住房租赁行业中存在与之相类似的“Whole Foods 效应”，即全食超市（Whole Foods）可以为租赁住房带来更高的收益，是高档项目成功的标志之一。

通过对比全美的高端公寓产品并调整相关变量，可以明显看出 Whole Foods 效应显著。具体来看，配有 Whole Foods 的公寓项目租金溢价比竞争对手高 3% ~ 4%，租金年均增长率也高达 7%，远高于行业平均的 1.7%。

虽然高端超市有助于提高项目租金水平，但 Whole Foods 也曾遇到被消费者抵制从而无法进入社区的现象，可见商业配套需要与项目定位相匹配才能有效提升项目品质与租住满意度。

三、开放可持续的社区配套

租赁式社区在美国已经有 80 余年的发展历史，最早可追溯到 1942 年纽约北部的帕克切斯特公寓。该项目占地 129 英亩（1 英亩约等于 4046 平方米），共有 12262 套房间，为 40000 人解决租住空间需求。该项目 80 余年经久不衰，归功于三个典型特点。

1. 社区性配套完善

帕克切斯特公寓作为美国当时有史以来最大的住房项目，其开发思维与角度并不局限于住房和简单的生活配套，而是延伸到人们生活的方方面面，从而营造相对独立的城镇。具体来看，帕克切斯特公寓拥有属于自己的大型电影院、梅西百货的首家分店、大型药店、超市、酒吧、花店等，使其成为当时纽约第二繁荣的区域。

2. 营造开放多元的生活社区

帕克切斯特公寓项目的 51 栋公寓楼每栋均采用独特的设计，仅占据 129 英亩土地的 1/4。棒球场、篮球场等二十多个球场占据了 66.6 英亩土地，橡树、枫树、梧桐环绕其中，使居民可以充分享受阳光与空气。项目仅有两条车道，却有大量的人行道路，使孩子们可以在其中自由奔跑，中央公园的泳池与雕像也融入了多个民族的文化，使项目更加生动有趣。由此可见，租赁式社区对于生活氛围的营造有助于项目经久不衰。

3. 可持续发展

随着时间的推移，帕克切斯特公寓也出现了管理不善以致缺少维护的现象。但普瑞森集团(Precision Management Group)乐于接受挑战，通过制定资产管理计划、提高安全建设、盘活空置物业等措施使其重焕生机。除此之外，帕克切斯特公寓更是在 21 世纪增加了节能节水措施，在降低运营成本的同时也使项目向可持续发展的方向推进。

图 3　帕克切斯特公寓鸟瞰
图片来源：Wesleyan University. *New York City in the '40s*

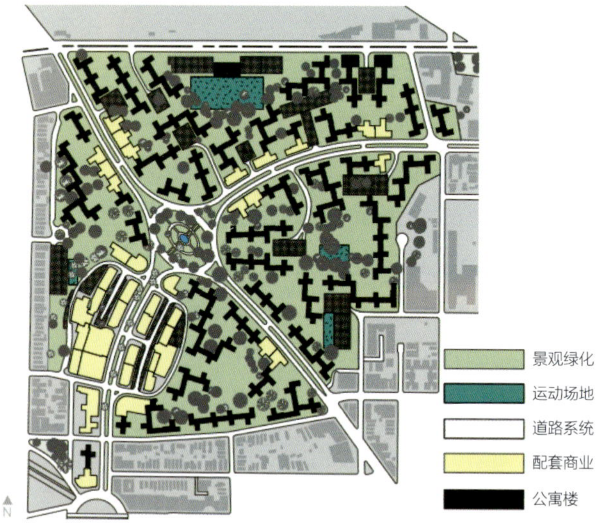

图 4 帕克切斯特公寓项目总平面图
图片来源：Wesleyan University. *New York City in the '40s*

图 5 帕克切斯特公寓项目实景照片
图片来源：Wesleyan University. *New York City in the '40s*

四、结语

在租购并举政策的引导下，只有为消费者提供更完善的配套与服务才能真正助力于市场发展。在公寓套内空间层面，灵活的室内空间与家具选择获得消费者青睐；在楼宇层面，符合消费者需求的公区配套和商业配套有助于项目获得认可；在社区层面，营建成熟的社区配套与生活氛围，并且以资产管理的角度实现可持续发展，才能使项目经久不衰，使租房成为新的生活方式。

作者简介

赵然
ICCRA 中公委租赁式公寓创新研究中心院长。

WONDER LIFE 城方

五心 租住生活体系

SECURE RENTAL SERVICE

国企直租 租约稳定

品质社区 运管统一

THE CITY WONDER CREATES A CLOSED-LOOP MULTI CONSUMPTION SERVICE SYSTEM IN THE HOUSE LEASING MARKET

围绕住房租赁市场，城方打造多元消费服务体系闭环

易居企业集团 · 克而瑞租售事业部 / 文

图 1　城方业务规划布局

上海地产（集团）有限公司成立于 2002 年，是经上海市人民政府批准成立的国有独资企业集团公司。“城方”是上海地产集团旗下城市租赁住房运营服务品牌，是上海地产集团租赁业务专业化、市场化运作的运营服务公司，成立于 2018 年。充分响应和贯彻落实“房子是用来住的，不是用来炒的”定位，助力推动及完善租购并举的住房制度。城方于 2018 年开始布局租赁住房市场，目前深耕上海区域运营四大核心业务，在上海核心区域布局约 30 个优质项目，截至 2020 年年底，拓展规模超过 12000 间，位居上海市租赁住房企业前列。城方凭借国企的资源优势，正在发挥专业市场化运营能力，努力打造具有成功模式的行业标杆和资本市场认可的企业实体。

本文将从业务模式、项目布局、项目运营、产品打造、未来发展等多维度全面解读上海地产集团旗下城市租赁住房运营服务品牌——城方。

一、保障型与市场化业务兼顾

目前，城方已布局上海市重点核心区域，业务涵盖市场化业务，包括存量改造及委托管理服务、市场化新建租赁住房运营服务、商业管理运营类服务；保障型业务包括政策性公共租赁住房代理经租服务。已入市服务项目中，轻中资产

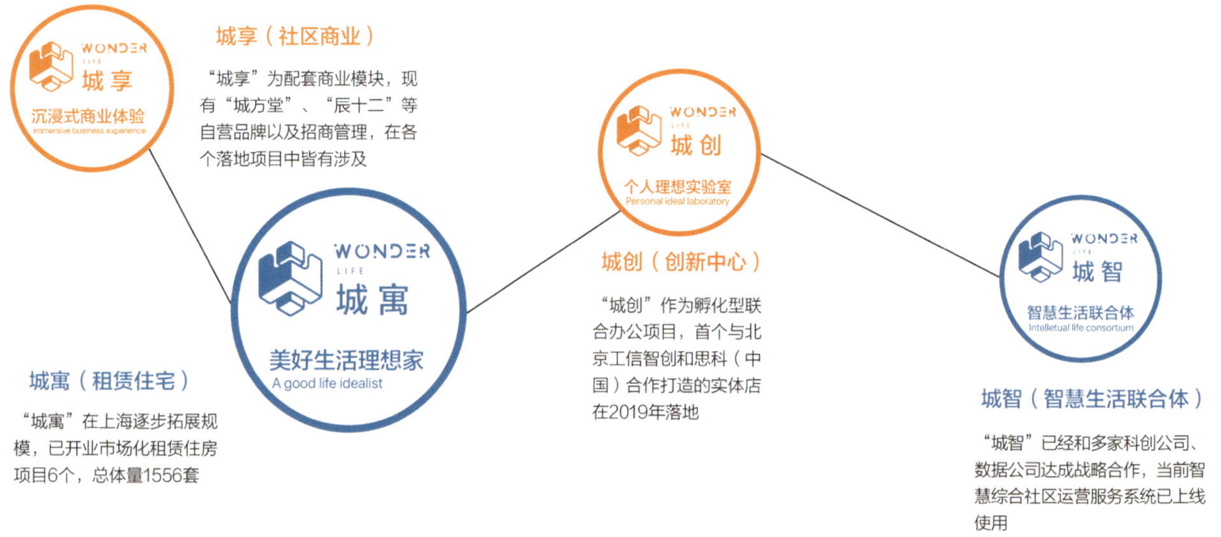

图 2　城方产品线架构

同步运营，二者相结合。

城方，围绕上海地产集团发展战略及其功能类企业职能定位，以“让更多人安居都市，宜居生活”为愿景，为留在城市的各类人才提供更好的生活和发展服务。

二、积极开拓多元业务生态体系

城方秉持为城市各类人才提供更好的生活和发展服务平台理念，围绕“大生活、大发展”两大方向，依托租赁住房社区为载体，以“生活、工作、文娱”需求为引擎，解决人才与城市未来发展的核心问题。

城方品牌旗下拥有城寓（租赁住宅）、城享（社区商业）、城创（创新中心）及城智（智慧生活联合体）四条产品线。从进展来看，四条产品线皆已落地。

其中，城寓根据地段空间与客户服务能级，可以分为超级社区、高能社区、活力社区、服务社区，产品系标准配置完善，根据地块不同维度，判断产品系落位及主题定位，可提供不同套型、租金、租期、服务标准的租赁住房产品，满足住客差异化、个性化服务需求。

三、租赁住房项目以中高端为主，预计 2021 年起进入放量阶段

1. 租赁住房建设项目

截至 2020 年底，上海地产住房发展有限公司已获得累计新建租赁住房地块 14 幅，可提供租赁住房约 1.5 万套，努力成为上海保障住房、租赁住房开发建设与运营管理的主力军和领先者。

在国家大力推进“租购并举”的住房制度背景下，上海地产积极响应，首批 12 个新建租赁住房项目已在建设，多位于上海古北、虹桥、世博滨江等城市核心成熟区域，2021 年起陆续入市。在 2020 年年底成交的张江、孙桥等

地块也将陆续于 2021 年三季度开工，预计在 2023 年和 2024 年三季度竣工交付。这些项目的建设，将有效加大新建租赁住房供应，更好地满足城市人才住房需求。

2. 租赁住房布局深耕上海

作为功能性国有企业上海地产集团租赁业务专业化、市场化运作的运营服务公司，因集团属性，城方目前只深耕上海一个城市。在门店区位选择上，城方基本选择位于中心城区，交通、商业等配套便利的地段，注重规模效应和产城融合，提升区域整体功能。

自 2019 年年初首个项目开业以来，上海已开业市场化租赁住房项目 6 个，总体量 1556 套；已拓项目 14 个，拓展房源数（不算开业）预计约 1.3 万套，位列上海规模榜单前三。至 2020 年年底，项目整体出租率约 98.22%，位于行业前列。

表 1　上海地产集团新建租赁住房项目地块

土地名称	区域	板块	总建面积(平方米)	最低限制套数
2020年浦东新区张江中区单元41-10地块	浦东新区	张江板块	27957	416
2020年浦东新区孙桥社区A10-2地块	浦东新区	张江板块	14382	413
2020年南汇区上海国际医学园区44B-01地块	浦东新区	周康板块	102573	2931
2020年黄浦区南浦社区S010601单元D04街坊D04-08地块	黄浦区	滨江板块	78587	1240
2018年嘉定区嘉定工业区南门社区53-01地块	嘉定区	西北区板块	33063	394
2017年卢湾区南浦社区S010601单元F01-01地块	黄浦区	滨江板块	50095	630
2017年浦东新区世博会地块政务办公社区控详15-01地块	浦东新区	大三林板块	147496	1860
2017年浦东新区上钢社区Z000101单元11-3地块	浦东新区	大三林板块	114670	1430
2017年长宁区古北社区W040502单元E1-06地块	长宁区	古北、虹桥板块	83890	950
2017年浦东新区上钢社区Z000101单元10-2地块	浦东新区	大三林板块	81333	1010
2017年闵行区虹桥商务区G1MH-0001单元III-T01-A02-02地块	闵行区	华漕板块	20740	850
2017年浦东新区北蔡社区Z000501单元03-02、03-03地块	浦东新区	花木、北蔡板块	132770	1650
2017年浦东新区南码头街道滨江单元06-05地块	浦东新区	大三林板块	43806	540
2017年长宁区古北社区W040502单元E1-10地块	长宁区	古北、虹桥板块	27949	300
2017年徐汇区漕河泾社区196a-08地块	徐汇区	上海南站板块	13941	170

资料来源：CRIC 城市租售系统（统计截至 2021 年 1 月）

表 2 城方 2020 年集中式租赁住房新开店情况

项目名称	资产模式	房间数(间)	出租率	产品线	租金范围(元/月)	户型面积(平方米)	开业时间
城方高能社区古北路店	中资产	90	100%	白领公寓	14900～31700	72～180	2020年8月
城方高能社区镇宁路店	中资产	25	100%	白领公寓	18900～20256	104～116	2020年3月

资料来源：CRIC 城市租售系统（统计截至 2020 年 12 月底）

表 3 城方 2020 年分散式租赁住房新开店情况

项目名称	房间数	区域	类型	户型	开业时间
城方服务社区 · 城寓万家	240	静安等8区	分散式公寓	中小户型的一房、二房居多	2020年12月

资料来源：CRIC 城市租售系统

四、轻中兼顾，具备城市竞争优势

1. 集中式租赁住房增速稳健，增加分散式租赁住房新运营管理

截至 2020 年 12 月 31 日，城方旗下品牌长租房开业规模达 1556 间，位居《2020 四季度上海租赁排行榜 - 开业房源排行榜》第 16 位，在“国家队”运营商阵营内，规模优势相对领先。2020 年，城方开业增速保持稳健，当年新开项目出租率达 100%，新增 2 个集中式公寓项目，新增房源 115 间，均为城方高能社区，为中资产项目。

市场化租赁住房除集中式外，2020 年城方开始进驻分散式租赁住房领域，有效盘活存量，提供更多租赁住房，其分散式租赁房源命名为城方服务社区·城寓万家，首批有 240 套房源，涉及上海静安区、黄浦区、杨浦区等 8 个重点区域，地理位置优越，周边配套成熟，涉及小区约 23 个，以中小户型为主，一房至三房均有覆盖，配备全新装修和家居，据悉在 2021 年还将持续有更多分散式房源进入市场。

与市场上其他分散式公寓运营商相比，城方服务社区 · 城寓万家不仅可以有效盘活国有存量资源，而且是国企直租，租约相对更稳定安全，具备高合法合规性，由国有背景的城方进行专业统一的运营管理，提升居住体验。

2. 中高端公寓价格段占比最多，大型白领社区业绩占比最高

从城方租赁住房的统计情况来看，在上海开业的 5 家集中式公寓门店中，由于多为金领公寓，产品打造具有优势，租金溢价较高，每月 10000 元以上租金的价格段占比最高，达到 60%，整体项目租金相对较高，对比周边个人租赁及分散式公寓溢价水平也相对较高，其中城方高能社区 · 城寓古北路店是相对周边个人租赁及分散式溢价最高的门店。

通过对城方的数据监测，2020 年全年，从规模和租金收入分布来看，具有千间以上房源的项目仅有一个，为城方的大社区项目——城方活力社区 · 城寓江月路店，单店开业数超过 1000 间，城市业绩贡献占比相对较高。新开业的城方服务社区·城寓万家分散式租赁房源因投入市场时间较短，未来的发展还有待观察。

1）上海标杆门店——城方活力社区 · 江月路店

城方活力社区 · 城寓江月路店是继城方超级社区 · 华山路店之后，又一大型存量改造租赁住房项目，位于闵行区浦江镇的核心区域，是上海首例商业商办转性四类住宅组团用地（Rr4）租赁住房的实践项目，也是闵行区存量盘活改造租赁住房的重要样本，更是闵行区租赁住房发展的重要标杆项目。该项目周边有多个产业园区，与浦江生活广场等商业综合体咫尺之遥，步行可达轨交 8 号线江月路站。

城方江月路店提供 1080 套房源，是城方 2021 年之前运营最大的租赁住房项目，基于良好的物业配备和配套资源，项目在城方租赁住房项目中业绩排名第一，在上海项目业绩贡献比达到 58.6%。

户型以 33~58 平方米的一房、两房设计为主，多数房源带有南向阳台，采光通风较好，并采用全装配式内装，是沪上目前在运营的规模最大的全

图 3　城方服务社区·城寓万家首批房源分布及建筑实景

表 4　2020 年城方城寓上海项目情况

项目名称	区域	产品线	房间数	户型面积（平方米）	平均租金（元/月/平方米）	出租率	单店城市业绩占比	相比周边分散式溢价	相比周边个人租赁溢价
城方高能社区 · 城寓古北路店	闵行	白领公寓	90	72~180	177.88	100%	14.57%	40.05%	78.6%
城方活力社区 · 江月路店	闵行	白领公寓	1080	40~58	98.36	97%	58.60%	5.6%	29.5%

资料来源：CRIC 城市租售系统（统计截至 2020 年 12 月底）

图 4 城方活力社区 · 江月路店

装配式内装集中式租赁住房项目。在装修源头有效减少甲醛污染，让租客实现安心入住。同时着手实现了民用水电施工，相比市面上多数商用水电的长租公寓，更加具备吸引力。

公区及配套方面，城方江月路店三栋楼宇的一层及二层提供共享客厅、特色配套社区商业，提供高品质的消费服务。社区共享客厅——城方堂，集咖啡、餐吧、书社、社群空间等功能于一体。

2） 上海溢价最高门店——城方高能社区 · 城寓古北路店

城方高能社区 · 城寓古北路店位于古北豪宅新标杆的国际社区——名都城三期内，定位为高端租赁住房。作为古北经典人居社区，项目周围涵盖高端住宅、办公及商业配套，中央绿化景观设计，商业、学校、医疗等完善且高品质的国际化配套设施。城方高能社区·城寓古北路店是区域内 CBD 中心项目，距离漕河泾开发区、长风商务区等仅在 3km 左右，距离静安寺商圈约 6km，2km 内有多条轨交站点。周边商业资源有高岛屋、南丰城、古北 1699 等，综合型商业资源丰富；医疗资源有第六人民医院、华山医院等；各类资源配套完善。

城方高能社区 · 城寓古北路店主力户型面积 72~180 平方米， 共计约 90 套房源，自面世以来出租率一直保持稳定，坪效约 177.88 元 /（平方米 · 月），相比周围个人房源和分散式公寓的溢价较高，分别达到 40.05% 和 78.6%。

五、多维核心竞争优势突出

城方紧紧围绕上海地产集团发展战略及其功能类企业职能定位，充分运用国企资源优势，发挥市场化专业运营能力，在拓展房源规模的同时，快速形成了多维服务核心能力。

1. 智能化的综合社区运营平台服务能力

运用科技的手段，助力租赁住房社区更好的运营，又

图 5　城方高能社区 · 城寓古北路店

能做到安全服务管理。城方打造“互联网 + 物联网 + 智慧生活”的租赁住房智能化数字运营管理平台，布局规划 4 大客户端服务 +10 大管理端服务。经过两年多的研发，城方数字信息化管理系统在租赁住房行业率先实现从前端产品到后台系统的全方位智能化租赁服务战略升级，构建了一套扩展性强、可平台化、可生态化的智能人居应用平台和生态合作系统，围绕智能化大数据运营管理服务，打造新型数据智能驱动的租赁住房行业标杆，实现智能人居的社区运营生态。

2. 系统化的长租行业投资数据管理服务能力

城方搭建数据平台，培育系统化的长租领域投资数据管理能力，既服务于公司自身业务拓展，又可对外输出服务能力。该平台通过监测，可以对上海城区范围内任意单点、任意距离的市场和人口进行研究，对二手住宅的租赁市场、租赁住房市场、人口数据进行实时追踪，并配合配套设施、产业数据分析等。

3. 体系化租赁住房装配内装项目能力

根据租赁住房运营管理的特性，城方在租赁住房行业率先运用装配式内装，目前主力形成装配式墙面标准化体系、装配式地面标准化体系、装配式卫生间标准化体系，提升项目效能和品质，降低更新成本，延长使用寿命。同时也考虑租赁住房市场的可持续发展，采取装配式内装，就可系统根除现场污染源，给租客创造一个健康安全的居住环境。

4. 多元业态经营和场景化的生活，发展消费配套服务能力

城方一直强调做“消费服务业”，不能只盯着租金，而要通过增强消费服务能级来提升盈利能力，使租金消费与其他生活消费实现互相转换，进而实现经营模式的持续和均衡。

城方构建了“6 大生活 +4 大发展”核心服务系统，吸引社会优秀资源，提升城市服务功能，为生活在城市中的各层次人才提供更好的生活和发展服务。

图 6 城方“6 大生活、4 大发展”核心配套系统

同时，城方已成功自营孵化两大创新业务，其一，城方堂，以咖啡、食集、共享书社、生活美学和社群空间五大场景，塑造有温度的社区共享客厅，通过创新经营服务模式，让租客体验更多关于“生活和发展”的品质服务。

其二，辰十二，以“逐梦生活家”为愿景，围绕“运动健身、衣物洗烘、严选商超、共享设备”四大主题业态，通过多种商品、服务、互联网络与智能科技的变换组合，打造线上线下 24 小时提供便利的消费场景，为都市居民创造便捷、舒适、丰盛、美好的生活体验。

六、创造稳定居住环境，提供多元化消费生活服务

城方自成立以来，作为国企首个轻资产运营品牌，一直稳扎稳打，保持自身资源优势和业务资源的同时稳健拓展规模，标准化的产品打造和设计能力在中高端公寓中处于领先水平，多元业态运营也提供了租赁住房盈利模式的新思路。同时城方也在努力匹配人才生活发展需要。随着未来更多项目的落地、产品打造的优势体现和智慧化的运营管理，将形成市场稳定器、人才孵化器、资产优化器等，助力于未来新型的租住体系构建，服务于“上海 2035”，实现人才安居、都市宜居的美好愿景。

WONDER LIFE 城方

五心 租住生活体系

CHOICE ✷ OF PRODUCTS

随心 产品选择

- 核心地段 选房换房
- 软装电器 灵活租赁
- 成长户型 随需选择

THE INTELLIGENT ECOLOGY OF SOFTWARE AND HARDWARE INTEGRATION MAKES DIVERSIFIED TENANCY OPERATION SERVICE MORE EFFICIENT

软硬件一体的智慧生态，让多元租住运营服务更高效

高利丹 / 文

打通服务前台、管理中台和技术后台，赋能租住关系里的任一方，这里不仅指智能家居的连接、社区共享商业配套、租客管理签约入住，而是以住宅为平台，集设备系统、结构、服务、管理为一体的高效、舒适、安全、便利、环保的智慧化租住环境。

随着 NB-IoT（移动物联网的窄带大连接技术）的诞生，智慧城市开始进入以物联网为城市神经网络、人工智能为城市大脑的 3.0 新时代。5G + AIOT 的发展，推动智慧租住实现“物与物、人与物”的全面信息化。

在政策、市场、资本三重利好的影响下，中国租房市场租金规模已达数万亿元，未来 4 年国内住房租赁存量将实现 5.6 倍增长。从“快速成长期”进入“成熟期”，但智慧租住的室内一体化运营管理依旧缺位。

一、阻碍租住运营向智能化转型的两个难点

租客与社区运营方是租赁公寓智能化管理运营的主要受众群体。运营平台不兼容与机电系统碎片化影响了两者在实现室内智能化的使用体验。

难点 1：平台不兼容，数据不互通，集中式统一管理难

租住运营过程中涉及大量服务场景，通过管理和验证观测性数据，AI 可以实现从感知到认知，再到预知的复杂过程。

但目前室内智慧化多停留在手机 App 操作智能设备。用户自查和呼叫社区服务，需要打开 N 个 App，进行 X 步操作。用户与空间的互动数据互不相通，阻碍用户对空间本身进行可视化、联网化、自动化的数据管理。

其次智能化单品和单品、单品和平台、平台和平台之间未必兼容，数据不能尽数打通，阻碍了社区运营方及时获取用户在租住过程中的刚性需求与个性需求。用户入住体验未知，优化租房质量和管理更新无法得到数据支撑。传统的维修及拆改又造成时间与经济成本的大量浪费。

难点 2：传统机电系统缺乏全盘考虑， 精细化管理难

信息化背景下，智慧社区更能引领居民的生活走向便捷。机电系统可控制室内水、电、气、热、智等大部分设备及使用场景，常被视作连接用户与社区的管理中枢。

传统机电系统强调物理连接而非数据共享，存在信息交互不透明、安全隐患难排查、设备连接难拓展、租客及空间数据易缺失等问题。尤其在智能设备与智能硬件的更新适配上，缺乏系统式分布空间。碎片化的设备与数据，欠缺对租客及租住空间使用周期的全盘考虑，因此难以帮助社区运营方实现由“粗放型”向“精细化”管理服务转变。

二、打造租住智慧生态服务

基于“空间即服务”的理念，租赁住房需要按照未来生活、工作、社交场景，在运营和服务层面持续创新，面向租住社区的用户和运营方使用一体化解决方案。

而以“机电硬件设备落地 + 软件应用远程支持”的方式打造的租住室内智慧生态服务，能够做到：

(1) 统一数据接入入口，建立人与空间的感知能力；

(2) 通过传感器和物联网完成人与空间互动数据采集；

(3) 打破数据孤岛，通过运营平台实现数据资产化管理；

(4) AI 主动学习，实现服务边界拓宽与服务场景升级。

利用更加科学合理的信息采集、反馈、响应管理模式，提升租住社区的运营效率。以全筑股份旗下产品为例，全筑智慧机电 4.0 系统结合全筑知家运营平台，形成用户触点与社区服务闭环，以可视化数据、场景化控制，打造自动感知的智慧物理空间。匹配租客的“知家管家”与匹配社区运营

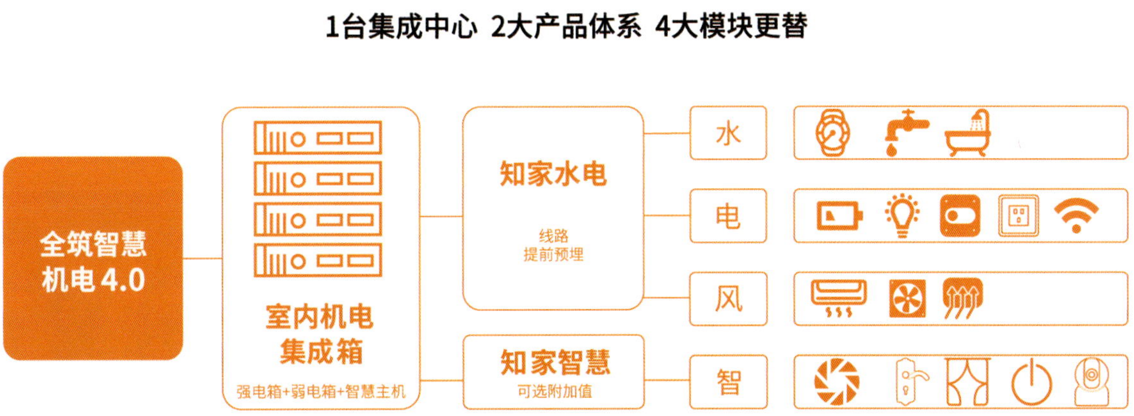

图 1　智慧机电系统

方的“知家运营”，帮助租住社区推进“线上 + 线下”、效率与体验并重的社区服务模式。

实践 1：落地硬件设备，智慧机电系统集成万物互联

智慧机电系统采用模块化构建和装配式预埋，包含一个集成中心（中控主机）、两大产品体系（知家水电、知家智慧）、四大更替模块（水、电、风、智），数据经集成中心传输至数据平台。相较传统机电系统运行更加稳定安全，拥有集成化连接、模块化组装、可视化数据、远程控制和易迭代升级等特点。

它将传统的三箱分体升级为一个智慧机电中心，包含强弱电一体箱、网络信息箱和通用型智慧主机（RS-485/RS-232 等协议对接，可对接市场主流智能家居应用），并且各个子系统及其模块互通互联。

强电系统智能匹配各个回路的功率平衡，用电安全更有保障。远程读取和远程通断便于租客及运营方双向控制。用电数据可视化令租客及运营方读取租住期间的交互数据更为直观。

弱电系统保障租赁住房网络信号接收稳定流畅。配置三网合一的分户光纤以及预留可接入千兆带宽的光纤，为租客提供高清电视、网络电视、无绳

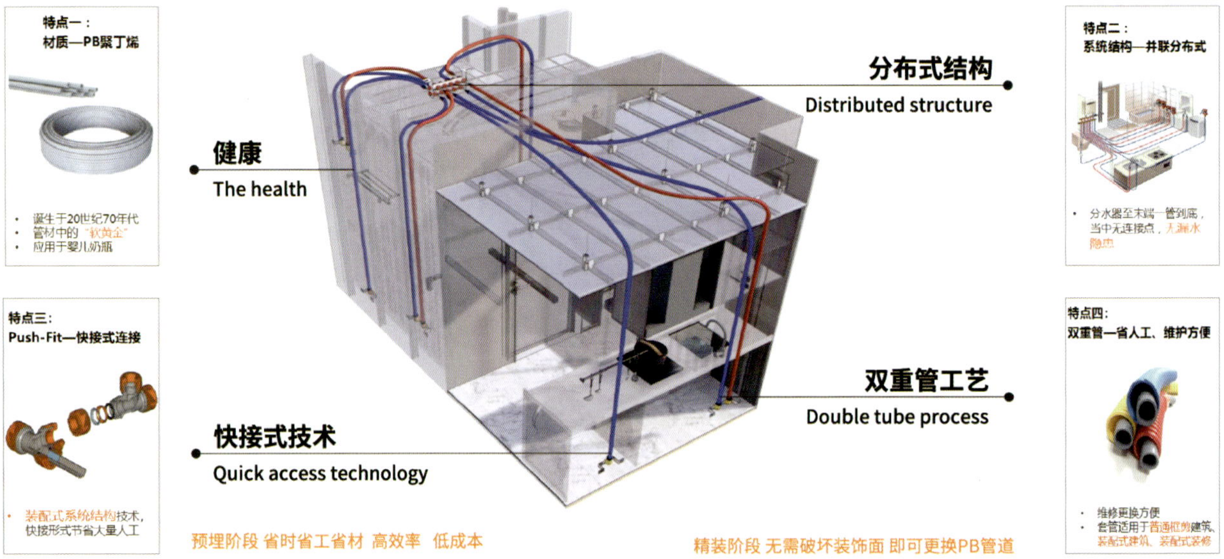

图 2 强电与弱电系统

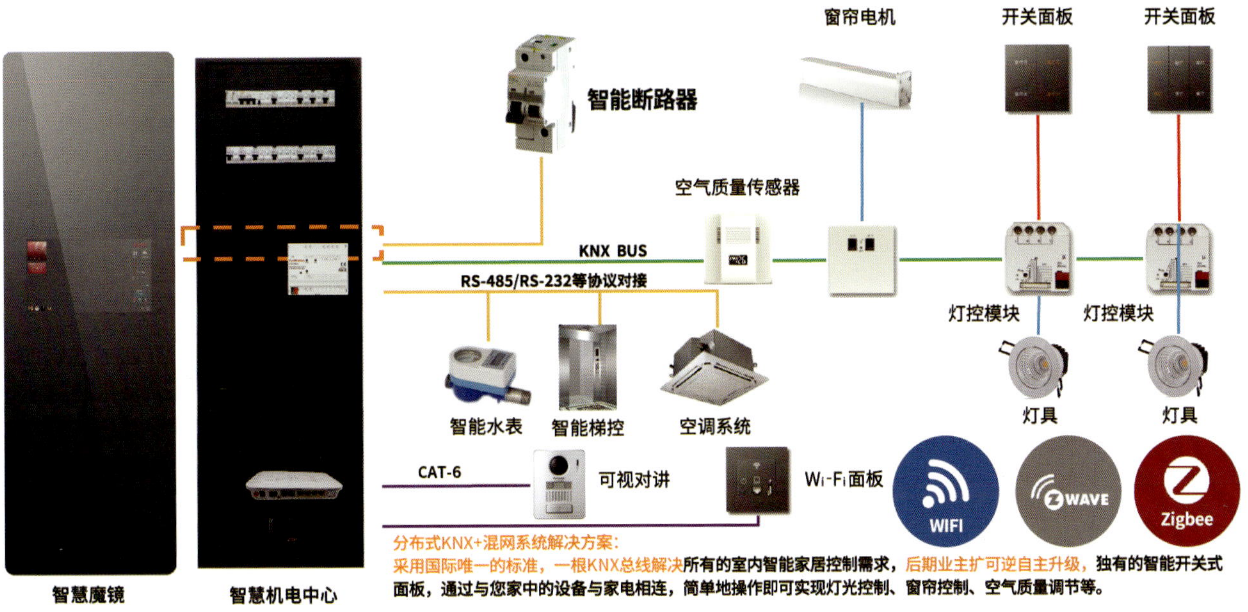

图 3 分布式 KNX+ 混网系统

电话等增值个性服务。

健康给水系统使用分布式并联分水器，对可能产生的多点水位的水压有很好的平衡作用，租客不用担心洗澡时水忽冷忽热和忽大忽小。PP 波纹套管 +PB 的“盘管”组合套管埋设与接杆式的连接系统，减少传统工艺对人工的依赖，帮助运营方在安装阶段降本增效，在运维阶段降低换修难度。

分布式 KNX+ 混网系统使用一根 KNX 总线控制室内智能家居 ALL in。租客可以自行扩充控制单元。独有的智慧魔镜连接智能设备后，即可成为室内智能控制总开关。

实践 2：平台多端交互，智慧租住数字化运营服务闭环

基于租客和运营商打造的“知家管家”和“知家运营”，沿机电系统的脉络组建“全筑知家运营平台”完成多端交互。触摸 + 语音的交互方式，不仅控制平台内的室内硬件及设备，还能向运营服务商及周边商户下单。

AI 算法则帮助平台主动学习，根据室内外环境和租客的生活习惯，自动调节室内环境，识别到访人员进行门禁管理，以及向运营方派发预约保洁、洗衣等各类增值服务。

三、PaaS 平台支撑服务中台 打造 1+X 租住生活

从架构角度来看，前台是应用，中台是可重用、可共享服务，后台是数据资源和基础设施资源。PaaS 平台是支撑中台统一业务接口的工具。基于 PaaS 平台来构建“服务中台”可优化租住社区内外统一的服务能力。

对租客来说，1 个服务前台解决智能家居、维保维修、生活缴费、转租换租等需求。X 是由租住过程扩展云的服务，包括最后一公里配送、便民服务、应急服务、心理辅导等。

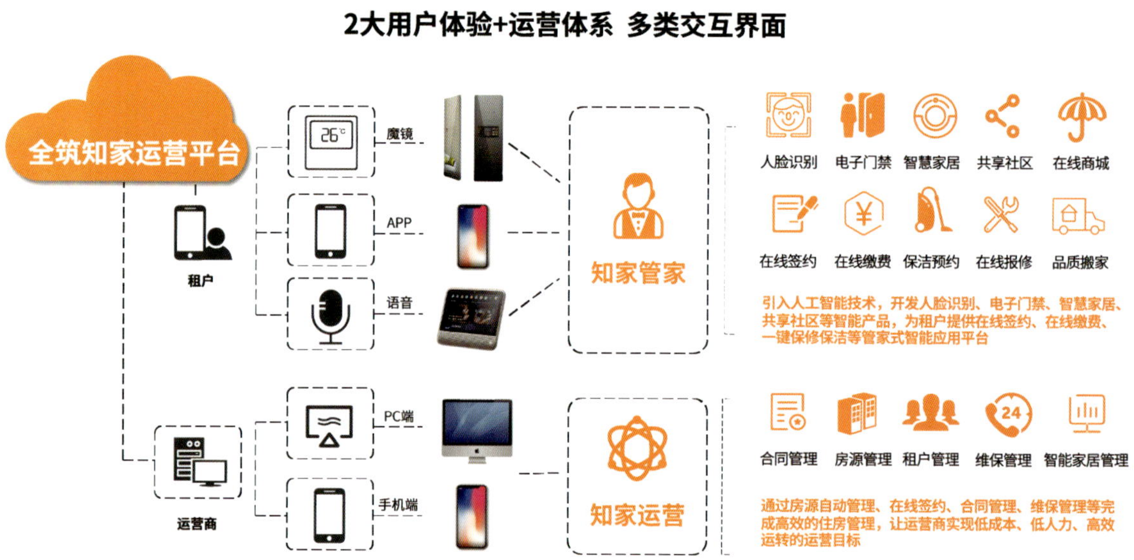

图 4　全筑知家运营平台

对社区运营方来说，1 个管理中台解决施工监管、供应商管理、维修维保、成本核算、房源管理、租客信息管理、合同管理等，X 则链接社区外部，含商户管理、物流配送管理、消费管理等服务。

全筑科技集团通过软件即服务（SaaS）、平台即服务（PaaS）和基础架构即服务（IaaS）处理联网产品在同一平台内兼容运作。通过 AI+IoT 技术完成数据采集传输，并提供云缓存、云备份、云存储、云分发、数据库管理等服务。联结租客、物业、运营、开发商、监管部门，多维度挖掘数据资产。以软硬件一体的智慧生态，让租住运营服务更加高效。

作者简介

高利丹
全筑智慧科技集团智慧公寓事业部平台运营主管。

- 多元配套 精彩生活
- 自营服务 个性定制
- 管家服务 随时响应

INNOVATIVE BUSINESS PRACTICE DRIVEN BY OPERATION AND MANAGEMENT OF SMART HOUSE LEASING ESTATE

智慧租赁地产运营管理带动的创新业务实践

中通服软件科技有限公司 / 文

中国通服上海公司联合上海地产集团、阿里云，共同打造智慧租赁社区，创建了国内首个“互联网 + 物联网 + 智慧生活”的智慧租赁地产运营管理平台，以进行更好的服务。在实践过程中，通过深度参与数字平台的建设运营，围绕两大业务板块——智慧社区物联数字平台和互联聚合运营平台，带动了中国通服上海公司的创新业务实践；并且以线上两大板块的数据聚合需求，牵引线下的传统业务承接，获得良好效益。本文将深度解读数字地产解决方案和相关重点项目拓展历程。

一、行业背景与平台打造策略

1. 政策与市场双驱动力下，住房租赁行业快速发展

随着房地产行业的不断发展，租赁行业的兴起是房地产行业转型的一个新阶段，在政策的不断刺激下，住房租赁行业不断发展，未来的住房租赁市场展现了极大的空间，涉及市场规模有 1.6 万亿元，人群有 1.9 亿人口，其中 75% 是年轻人，他们成为租房的主要人群。

所以，随着租赁需求不断升级，未来更加需要数字化的运营，驱动市场供应发展。

2. 住房租赁行业的运营要点

住房租赁行业的运营从拿地设计开发，到社区运营，涉及的产业链较长，对运营企业的产业资源整合能力要求高。租赁房运营商的核心要素是招募租客和社区运营。社区运营端的生态打造，是盈利核心点，以信息化建设为中心的大数据运营，是未来竞争力的关键。

3. 解决传统赚取租金差的盈利空间有限的行业痛点

住房租赁行业现有的盈利来源主要为租金差、装修投资回报和未来租金增长收益，传统赚取租金差的盈利模式空间有限，但行业的体量与入口级的商业模式，使行业的发展潜力巨大。

4. 未来发展的新盈利模式

(1) 以引流为导向发展衍生服务（以“入口场景”打造

图 1　城方超级社区 · 华山路店

图 2 人才公寓案例

为核心，通过提供衍生服务（生活/商务服务配套、科技孵化）挖掘盈利点。

(2) 品牌运营管理输出，通过制定信息化、标准化运营模式，最大化提升品牌溢价，通过品牌运营管理、输出的方式实现盈利。

这两个模式，都是以打造智慧化社区生态为基础，叠加项目管控数字化需求及未来大数据运营需求。所以打造智慧化社区生态，是租赁住房未来的确定趋势。

5. 智慧化租赁住房社区平台核心概念：客户/房源+生态配套+运营数据

在分析了租赁行业的业态后，我们提出了智慧化租赁房社区平台核心概念：客户/房源+生态配套+运营数据。

客户和房源是租赁平台的核心概念模型，是后续业务运营的基础，社区服务的网络与配套是市场竞争力的核心所在，在租赁平台运营过程中的各种数据，包括房源、客户、消费（支付）数据、物联运营数据、互联聚合数据都是运营增值业务和衍生服务的基础，也是平台的盈利点之一。这三者有机整合在租赁运营平台里，推动平台的持续建设和运营。

二、实践案例：城方租赁社区运营管理平台

上海地产城方租赁社区运营管理平台，是中国通服上海公司联合上海地产集团城方、阿里云，共同打造的租赁住房智慧数字云平台。

阿里云主要聚集阿里巴巴集团在电商、支付、金融、新零售等多方面的资源，以阿里云计算、大数据、AI、安全等能力和资源，支持租赁智慧社区运营服务建设。

上海通服主要在弱电智能化系统、物联网、驻地网等服务领域的资源和优势，支持租赁智慧社区运营服务建设。中通服软件负责承建整个租赁社区运营管理平台。

该平台创建了国内首个"互联网+物联网+智慧生活"的智慧租赁地产运营管理平台。

在这个案例里，中通服和阿里生态进行深度结合，在智能生活和智能服务方面，导入了阿里生态的相关资源。一方面为租赁房社区的人群提供了智能和便利的生活服务。另一方面，也为租赁房运营方提供了丰富的服务业态。与此同时，在人群密度较高的租赁房社区，通过运营平台的数据挖掘、信息导流等方式，也为运营方带来了持续的增值收益。

在项目实践过程中，通过深度参与数字平台的建设运营，围绕两大业务板块——智慧社区物联数字平台和互联聚合运营平台，以线上两大板块的数据聚合需求，牵引线下的传统业务承接，带动驻地网业务收入，代表着地产业变革的住房租赁产业链，能够给中通服带来可观的直接效益，提升了附加价值。

三、租赁住房运营平台产品介绍

1. 设计思路和产品特点

租赁住房运营平台的建设的定位是"安居大发展 智享新生活"，是连接着运营方和租客的非常重要的纽带。同时，由于行业的特点和政府管理要求，租赁运营平台需要为政府管理机构提供租赁数据的支撑服务；也为资金方和生态合作伙伴提供业务连接和生态整合，做到数据打通和交互；再者，为集团客户提供集中数字化合约管理。该平台是租赁业务运营的基础和核心。

2. 平台使用对象及典型场景

平台在构建的时候主要是面向运营方和租客的需求。面向房源、租客，提供全周期数字化管理，包括：提高管理效率、合同交易的数字化整合、综合支撑管理。

面向租客，基于 App 提供便捷租住、签约与入住的一体化体验。包括：提供找房、签约/合同、账单/支付、退租/换房、租后生活等。

3. 平台框架：覆盖租赁住房全生命周期的数字化运营

平台框架包括三部分：

第一部分：租赁管理平台，是运营平台的核心，能有效提高租赁效率。

第二部分：物联管理平台，主要整合了 IOT 平台，面向业务提供物联能力和设备运营能力。

第三部分：驻地网络运营平台，该平台构建了驻地网络运营服务支持体系，支撑运营方开展驻地网运营服务。

4. 业主信息管理（业主 ID+ 房源 ID+ 运营中心 + 居民中心 + 房源中心）

应用系统平台架构的设计基本都是相似的，在租赁运营平台，我们主要建立了“双 ID、三中心，N 场景”的体系，首先通过业主和房源的 ID，识别和记录业主和房源的基础和动态信息，然后围绕业主

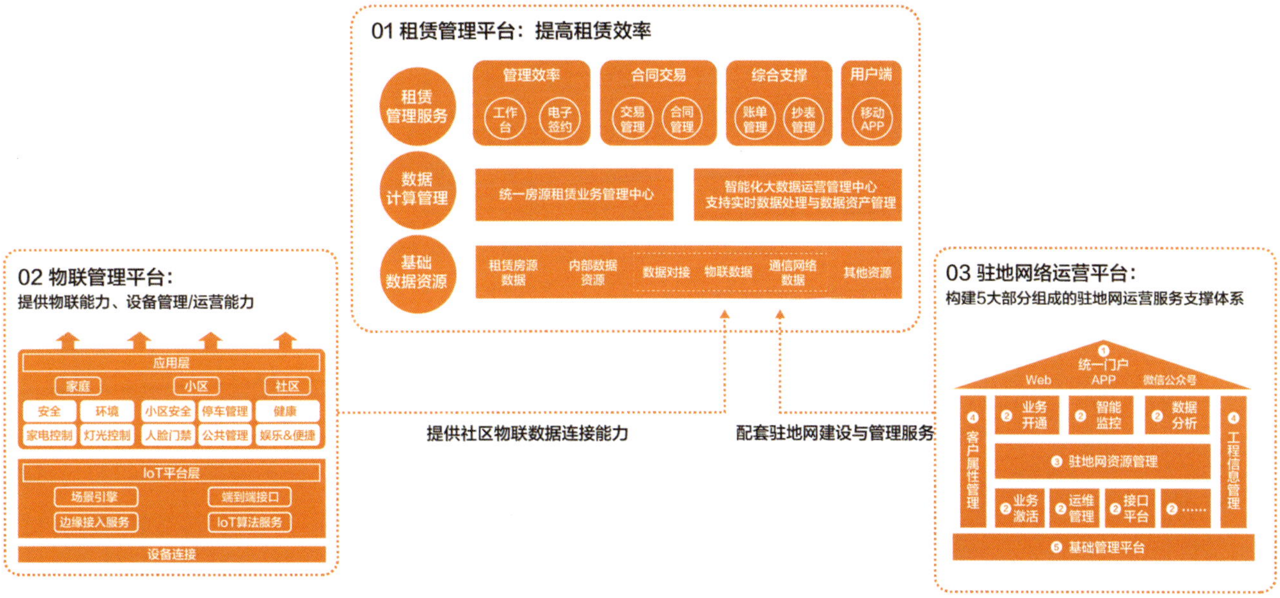

图 3　覆盖租赁住房全生命周期的数字化运营

图 4　城方超级社区 · 华山路店

ID，记录智能设施服务和生活服务等信息，构建业主画像，建立居民中心；围绕房源 ID，记录社区资产、房型设施等信息，建立房源中心，然后再将信息进行综合，建立一站式运营中心，为运营方提供租赁房运营全方位的数字化视图。

5. N 场景：基于边缘感知的智联应用

在边缘感知层，我们提供 N 场景的解决方案，由于物联设施碎片化程度高，同时各种设施不断推陈出新，通过构建了基于元数据的物模型，建立有弹性的物联感知层，新的物联设施的加入，可以通过配置操作进行动态的增加和调整，提升了物联设施的管理效率。

6. 产品功能

1) 面向智能人居的物联数字运营

建立领域模式，面向家庭、社区等，构建场景化应用，以智能算法和能力开放使能，用更加高效、低成本地构建各种创新的智能人居物联网应用场景。同时提供项目管理、工程实施部署以及业务运行的智能管理中心。

2) 驻地网络运营平台，赋能“最后一公里”通信网络

驻地网络运营平台构建了驻地网络运营服务支持体系，支撑运营方开展驻地网运营服务，也可以应用在园区、商圈等场景。

该体系包括五大部分：

(1) 以统一门户为标准：构建统一的运营支撑门户。

(2) 以运营支撑为关键：围绕业务运营支撑打造业务开通、故障申告、业务激活、智能监控、数据分析、接口平台，

为业务运营和网络监控提供应用支撑。

(3) 以资源管理为核心：支持驻地网全业务场景的资源管理，构建与运营商资源管理系统关联关系，打造资源数据中心。

(4) 以信息管理为指导：构建驻地网基础管理信息，实现人口标签属性及工程信息管理，为运营支撑提供专业指导。

(5) 以管理平台为基础：基础管理平台提供统一的流程引擎、规则引擎、安全管理、系统管理等通用技术平台。

三、数字化管理工作台

中通服软件科技有限公司多年聚焦于软件开发，拥有一站式产品开发能力。提供聚零为整、完整的软件体系，实现产品的全生命周期、全模块的建设，可以达到可拆分、可组装、快速部署、标准统一高度适配、全面兼容。

(1) 聚零为整：集约高效的产品体系，防止分散建设，实现整合共享，避免重复投资；

(2) 变点为线：分步部署的产品体系，防止一拥而上，实现有序投入，避免一次性投入过大；

(3) 快速部署：模块化的产品，兼容性的体系，使得产品可以在各种环境中快速部署；

(4) 化整为零：开放的产品体系，可利用现有系统，保护已有投资；

(5) 全面兼容：提供多种接口，对接其他数据、应用、服务与产品。

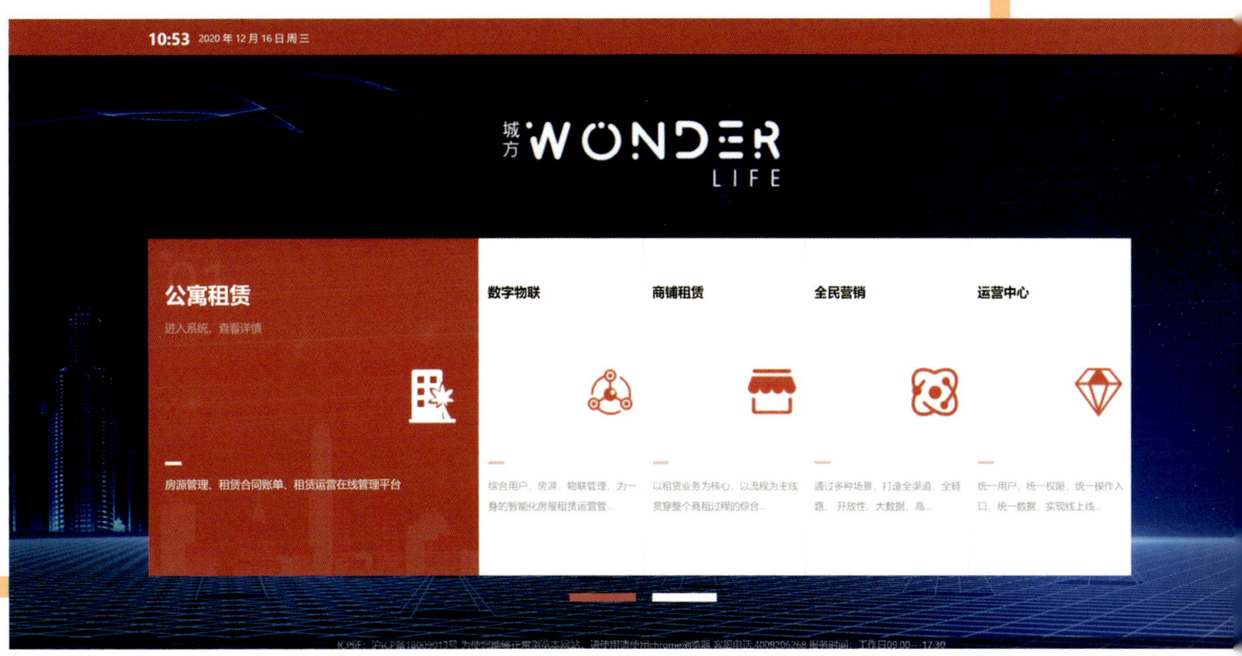

图5　城方数字化管理工作台

SOCIAL INTENSIVE ENERGY OPERATION HELPS HOUSE LEASING INDUSTRY TO SERVE BETTER

社会集约化能源运营助力租赁行业更好服务

蔡明 / 文

自国务院 2016 年发布《关于加快培育和发展住房租赁市场的若干意见》以来，上海市政府着力推动住房租赁市场的发展，为外来务工人员、应届毕业生、企业高管、高技能人才等解决居住难题。上海地产集团城方正是这场租赁大潮的扛旗者，不断投入人力、财力做好新型租赁住房项目，积极拓展多元化租赁运营服务，不断提高新型租赁住房社区生活对城市人才的影响力。与传统出租屋不同的是，全新的租赁住房品类不仅装修简约活泼，而且会配有更多能形成聚集效应的公共配套设施，比如共享客厅、健身室、洗衣房、特色商业服务等。而作为城方长期合作战略伙伴——誉申能源，所提供的社会集约化能源运营服务平台，是城方租赁运营服务快速扩张提升的核心技术之一。

在上海实业、上海申能集团及国家电力投资集团三家战略股东的支持下，上海誉德动力技术集团股份有限公司下属的誉申能源公司，作为一家专注于分布式能源站及综合能源系统投资、建设、管理、运营的机电资产及能源一体化服务公司，经过十几年的设计、建设及运营服务经验的积累，打造了一支擅长能源系统全过程技术及运营服务的核心团队，凝聚了一批能源方面的技术及经济专家，确保各类能源系统运营的安全性和先进性。

目前誉申能源已有近万户租赁房源为期 2 年的能源运营数据模型，面对家庭人数不同、工作时间段不同的租客，通过大数据分析租客能源使用习惯，将分析所得结果导入能源管理计量计费平台，结合 BMS 建筑设备管理系统以打造更智能、更经济的运行策略，帮助运营方提高设备能效、降低运营成本，更好服务租客。

能源运营服务贯彻整个租赁周期，包括租客入住 / 退租（与物业相关的工作）、能源费结算（与管家部相关的工作）、开票（与财务部相关的工作）、故障报修（与物业与外围单位相关的工作）和设备更新（与工程部相关的工作）等等，这些繁琐的工作内容与流程会影响传统租赁管理人员该有的专业服务质量，也无法兼顾成本效益管理，在这种情况下，需要一家专业化的产业链供应商提供一体化的全程服务，通过集约化能源运营服务整合各种管理因素，统一优化配置资

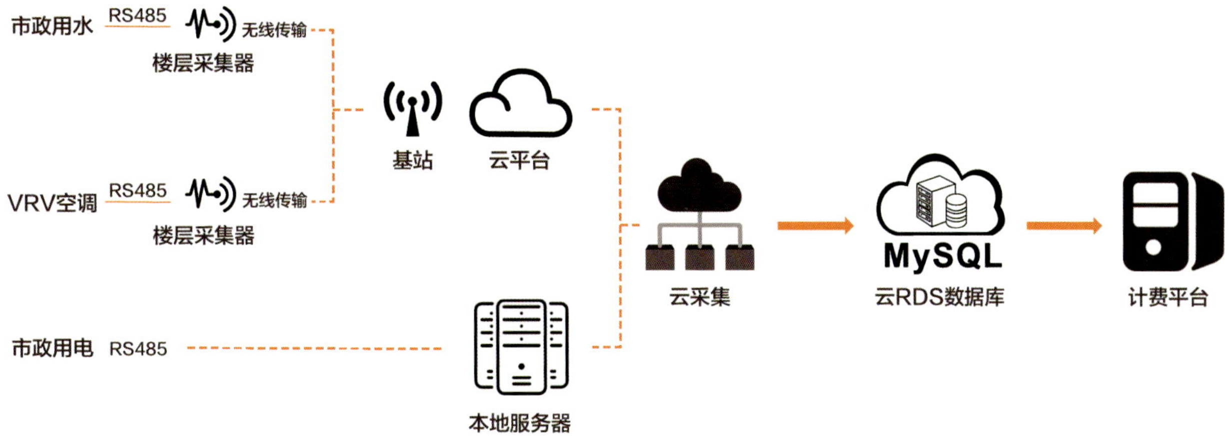

图 1　计量及结算项目整体架构

源，降低成本，实现节俭和高效的运营。

租赁住房项目主要面对年轻人群，如何提供社会集约化能源运营服务，以帮助运营方提高租赁住房出租率、租客满意率、租客体验度？本文主要从以下两点进行论述。

一、能源管理融资租赁

融资租赁行业具有明显的重资产特点，融资租赁具有融资与融物的双重特性，在拉动社会投资、促进产业升级、降低企业融资成本、优化企业资产负债结构等方面，融资租赁服务实体经济的优势更加显著。融资租赁业高质量发展的重要表现就是不再囿于规模经济，由要素驱动发展转型为创新驱动发展，实现融资租赁业与先进制造业、现代服务业的深度融合，促进租赁住房市场的发展。

因银行业受国家宏观调控的影响，地产行业资金投入有限，地产商为了扩大市场占有率及自身的业务发展和生存，除了存量资金，要发展、要生存就需要寻找资金渠道，因融资资金的成本和量的影响，如果要扩大投资势必寻求新的投资渠道，因此誉申能源通过融资租赁扩大投资是解决地产租赁住房发展的办法之一。

二、能源运营管理智能化

传统的住房租赁的痛点就是被动服务，而互联网时代带来主动服务的可能性，誉申能源结合市场上多种不同能源管理软件，开发了一套管理计量计费软件，水、电、煤等能耗数据可细化到每小时、每日、每周、每月、每年，租客手机端可自动生成并完成扣费，同时软件有欠费提醒、充值提醒等，自带空调设备远程控制模块，运营团队可以直接在手机或电脑上进行空调制冷 / 制热模式的统一切换和功能权限设定，还可以通过 24 小时远程管理平台，提前发现租客家中空调的故障情况，在租客还未发现故障的情况下，提前介入，主动上门维修解决问题，高效率地解决设备故障，同时减少了人员巡检工作，降低了人工成本。

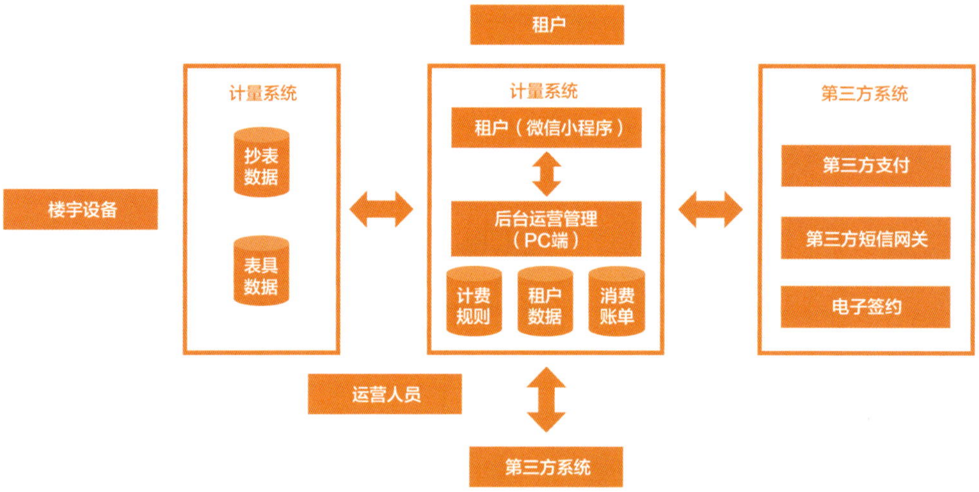

图 2 计量及结算系统整体架构

此外，为减少运营期间水电费可能带来的坏账，誉申能源将根据不同项目的租金定位制定一个客观合理的预充值金额，租客可以在手机端完成能源服务合同签订、能源预充值、能源开通、退租后能源费结算等事宜，同时提供能源预充值、极速退服务，租客退房结算时自动将余额退至租客手机端，提升租客消费体验。

为了减少租客充值的麻烦，誉申能源会在手机端同步温馨提醒租客开通免密支付功能，在预充值余额不足的情况下，可自动从租客的微信钱包中扣除相应的能源费，以保证能源费及时收缴。

誉申能源提供的能源管理计量计费软件包含固定资产管理、设备设施管理、财务管理、运营管理等管理模块，整合成一个全新的、成熟的能源管理标准工作软件。

互联网时代的住房租赁行业，我们不断地在问未来十年什么会变，什么不会变。不管租赁住房行业未来的趋势怎么变，变化的是技术、工具、商业模式，不变的则是做运营的初衷、我们对客户需求的洞察把握，以及对服务品质的永恒追求，这是所有做运营的人共同追求的目标。

作为租赁住房服务领域的从业者，我们需要的是积极地拥抱趋势，拥抱变化，才能够在未来的租赁住房服务领域中不断创新，走在行业的前端。

作者简介

蔡明
上海誉申能源科技发展有限公司运营管理中心总经理。

- X方APP 快速选房
- 智慧物业 随叫随到
- 智能物联 一键使用

PREFABRICATED INTERIOR DECORATION FOR THE OPERATION OF HOUSE LEASING

装配式内装为租赁住房运营服务减压

李亚芳 / 文

博思数据发布的《2020—2026 年中国装配式内装市场分析与行业调查报告》显示，未来一线城市租赁住房将占住房供应的 20% 以上 。前期装修改造与后期维护更新涉及租赁住房的建设成本、运营成本、人力成本，越来越多的运营商将装配式内装视为项目整个发展链的重要环节。

一、装配式内装与租赁住房具有天然适配性

不同于传统商品房的装修需求，租赁住房做内装需要同时满足开发运营方及租客的实际需求。尤其是针对各层级人才规划的租赁住房，其内装需求除了满足基本的生活要求外，希望能以一种实现高性价比的装修模式，在快速实现设计风格落地、满足各类生活场景需求的同时，更能提升空间生活的品质，以匹配其多元化的审美和品位。

而效率高、品质好、工期短、易换装、无污染、材料环保、快速入住的装配式内装能高度匹配旧改业主的需求。可重复利用的基层能够简单高效解决客户在不同阶段对住宅的空间需求。

因此，装配式内装不仅可以给租赁住房企业带来极大的安全、高效、性价比和灵活性，也可以给租客带来美好的体验。

二、装配式内装实现“便捷施工”与“个性定制”

1. 二结构隔墙抗震隔音

纯平龙骨无机复合板隔墙体系，通过大量标准化的连接部件，内嵌防火隔音棉，再覆以高荷载性能的无机板材，取代了目前主流的轻钢龙骨纸面石膏板隔墙。同时，提升了墙面平整度和安装精度，实现标准化洞口合抱龙骨安装体系，保证了洞口安装强度，达到标准化的线盒安装体系。方便电气施工，实现墙体任意点固定和悬挂重物，实现内隔墙装配化施工和 BIM 体系管理。优化了工艺，与传统混凝土砌块砖隔墙相比，很大程度缩短了施工周期。

2. 装配式墙面提高室内可用面积

覆膜硅酸钙板是具有优良性能的新型建筑和工业用板

图 1　全筑装配式建筑结构体系

材，其产品防火、防潮、隔音、防虫蛀、耐久性较好，是吊顶、隔断的理想装饰板材。其安装很便捷，在原结构墙面平整度不达标的情况下，无需批腻子等湿作业来找平，只需通过一根调平龙骨即可进行快速安装，无尘、无湿作业、无污染。

相对于竹木纤维板，硅酸钙板的物理、机械等性能要高几个等级，它的握钉力形成的单点剪切荷载，是竹木纤维板的 5 倍以上。简单来讲，墙面可以直接吊挂更重的物件或设备，如一般的挂衣架、层板，甚至是空调内机等设备设施。对于租赁住房来讲，租客可在有限的空间中最大限度地利用室内可用面积。

3. 装配式地面美观实用

装配式地面系统同二结构系统安装方式类似，主要目的是做到 SI 结构与管线分离，避免地面开槽埋设管线等严重破坏建筑的情况。点式支撑大荷载无机架空地坪体系，采用 25 毫米厚无机质水泥基架空地板，通过专用部件——注塑地脚螺栓快速调平，摒弃传统抹灰调平等湿法作业。饰面材料可直接铺设于水泥基地板上，无须打胶，快速安装。饰面材料可为 spc 地板、地砖、石材等，既保证传统美观性又提升了实用性。

架空水泥板下面可以穿机电管线，可以布置超薄管径的新风系统。同时，无机质地坪可以承受 250 千克以上的住宅类国标荷载要求、提升施工效率的同时，也非常有利于后期维护保养。尤其是对于更新维护周期较短的租赁住房，可快速实现房间更新，尽快投入运营。

4. 装配式顶面模块化施工前置

局部边吊采用装配式装修模块化部品，可一体化实现局部造型的基层和面层。GRG 模块化预制石膏板边吊，改变了原有石膏板吊顶现场施工的模式，转变为由工厂把石膏板顶面造型分成若干个成品模块，再到施工组合安装成型的全新生产模式。解决了传统石膏板吊顶施工中存在的施工时间长、材料种类多、现场垃圾多、施工废料多、施工质量因人而异、无法与其他工种交叉施工等诸多问题，吊顶全部采用轻钢龙骨结构，标准化生产使施工质量得到可靠的保障。

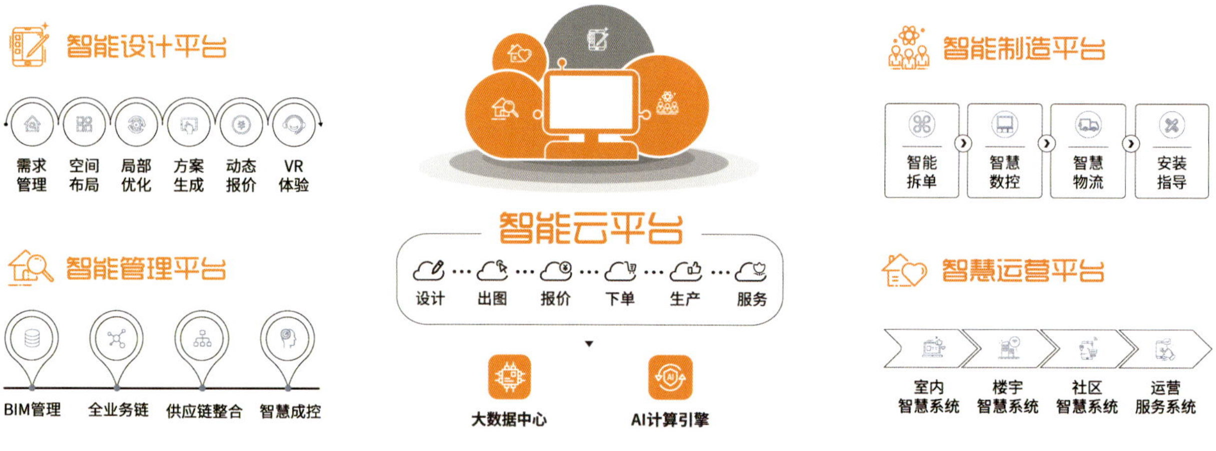

图 2 智慧建造赋能内装工业化

5. SMC 整体卫浴实现超长使用周期

吸取疫情防范经验，卫生间结构设计、部品部件材料性能会直接或间接地避免病毒的传播。SMC 整体卫浴使用航空树脂材料，SMC 底盘、顶板、壁板通过高温高压一次模压成型，表面覆不同花色的膜皮，实现了美观、耐磨、防滑、环保等特性。

由工厂预制生产的防水底盘、壁板、顶板，在现场干法施工，整个卫生间搭建不以现有墙体为依托，通过结构件可靠连接方式搭建稳固、独立的六面体防水结构，实现工业化生产和安装。传统卫生间平均使用周期只有 5 ~ 8 年，SMC 整体卫浴使用周期超过 20 年，维修费用直降 80%。一套成熟的整体卫浴，两个工人最快 4 小时安装完成，即装即用。

6. 智慧机电中心保障用电安全

在租客入住和服务过程中，机电控制不智能是客户吐槽、运营人员服务的“重灾区”。在智慧机电中心的模块式一体箱内部，强电系统、智能化系统及弱电系统可互通互联，各系统的模块和设备安装方便，后期每个子系统迭代升级效率也极高。功能上，强电系统的用电数据可视化，客户数据交互一目了然。智能匹配各个回路的功率平衡了，用电安全更有保障。管理上，远程读取及远程通断的功能，让运营管理系统更简易高效。

三、装配式装修为租客提供更高效、更系统的底层保障

伴随着租客的需求升级，租赁住房运营服务能力将成为企业的核心竞争力。综合来看，集中式租赁住房或将成为未来住房租赁市场的主流。装配式内装可以做到集中采购、统一装修、无苯无醛、即装即住。装配式内装的标准化设计便于规模化复制，是住房租赁行业盈利的基础。

产品与客户需求的匹配决定租赁住房的出租率。租客的流动性较大，装修风格和室内部品也随之变化。模块化、标准化的一体式软装，核心在于从运营角度去设计房屋，以

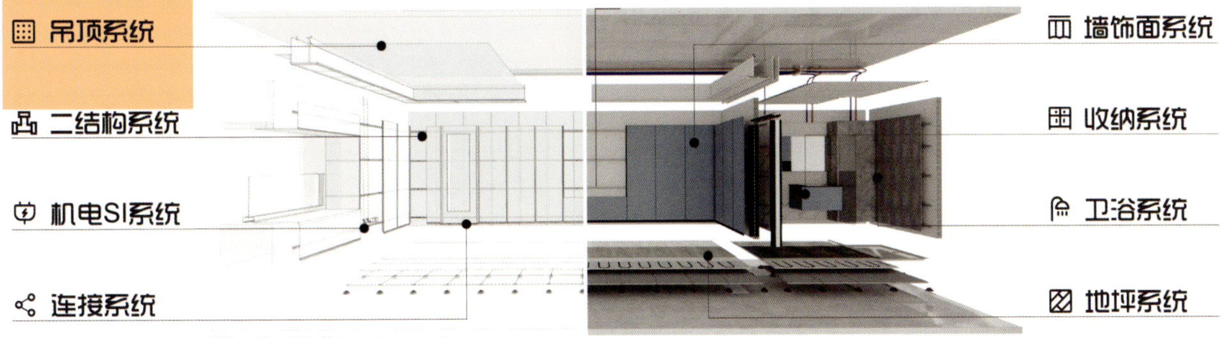

图 3　全筑装配式内装部品八大体系

节约人力和备品备件成本，减少后期运维成本，进而降低运营全周期成本。

除了部分硬装，装配式内装可以统一部品标准，预留标准接口和空间，灵活变化室内布局，进行差异化软装定制，满足租客不断变化的产品需求。在后期维护阶段，装配式内装部品可以在不影响租客正常居住的前提下快速拆改整修，确保长期可靠，方便住房租赁企业的维护与更新。

全筑装配式内装工业化 4.0 涵盖了八大部品体系——二结构系统、墙饰面系统、吊顶系统、架空地坪系统、连接系统、卫浴系统、智慧机电 4.0 系统、收纳系统。兼顾个性化需求、智能化制造、一体化交付。相较传统装修可缩短约 50% 的工期，减少人为技术因素，避免室内装修污染，同时降低约 30% 的用人成本、约 50% 的材料成本及交付后的维修成本，不仅填补了国内装配式装修部分技术空白，还能促进设计、研发、生产到装配等各环节的配合，提升流通效率和产业链上下游企业间的协调，为装配式装修的产业配套和批量复制提供新的可能。

作者简介

李亚芳
全筑股份产业与技术研究中心研发副主任工程师。

INTEGRATING MULTIPLE HOUSE LEASING SERVICES TO BUILD A MATURE AND LIVABLE PUBLIC HOUSE LEASING COMMUNITY

整合多元租住服务，构建成熟宜居公租社区

王颖 / 文

2020 年 11 月上海市人才落户新政推出，这代表着上海广纳贤才、留住人才的决心。大量的年轻人怀着憧憬和期待来到上海，从进入这座城市的这一刻，他们的衣食住行、精神文化、娱乐爱好等随之而入。

租住是他们面临的第一项需求，每一个入沪青年都从“找到一个合适的居所”开始。上海地产集团市筹公租房共计 12980 套房源，入住约 1200 家企业，通过“住发管理城方服务”，为大量的入沪青年提供了安居之所。城方，秉承着“让更多人安居都市，宜居生活”的愿景，自 2019 年 1 月正式接手市筹公租房运营服务，一直在不断探索和努力。2019 年，致力于服务更多青年，辐射更多企业；2020 年，挖掘更多用户需求，提供多元化租住服务。从安居到宜居，是城方的初心。

我们对需求的获取，来自现场服务人员从朋友角度的交谈、访谈，来自热心租客的实时反馈，来自志愿者的社区建议，来自我们定期做的规模客户调研工作——每周客户问题反馈、每月客户调研报告。

结合年度客户调研，租客们对于运动、餐饮、娱乐的需求是最强烈的，这也代表着青年群体对于健康社区生活的向往，越来越多的青年人希望能够走出家门，在社区交到朋友。

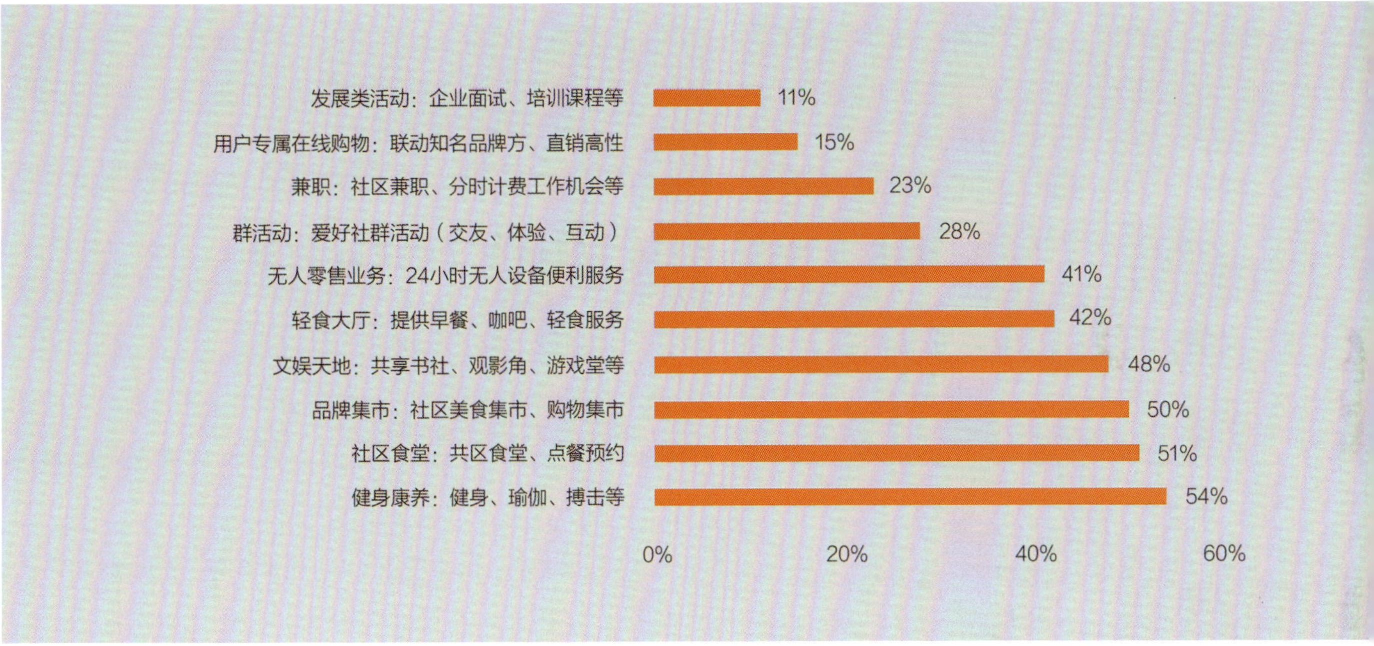

图 1　总体新服务调研

一、 紧跟青年热情，响应地摊经济

越来越多青年人期待社区型娱乐，在家门口就能满足自己的基础消费与娱乐需求；地摊经济作为 2020 年官方的首个文娱主题，对于租赁行业来说，也是一种启示。租赁社区更能结合社区内的青年属性、活跃氛围，打破疫情沉默，重塑温度社区。

城方率先在上海馨古美佳苑社区举办周末社区地摊集市，租客们自行组织、宣传、制定规则，现场有自行制作的发箍发卡、抖音火热的酸辣无骨鸡爪、从老家买来的特产水果、二手闲置的家居用品等；馨越的环保集市更热闹非凡，有海尔的亲子互动游戏、上海领养日的可爱猫狗、世博文旅的露天电影等。在饭后闲暇，跟自己的朋友走到社区广场，逛逛集市聊聊天，这样的生活场景正是我们所期望的。

二、 搭建租客桥梁，助力交友空间

在各类社区活动需求中，青年交友需求响应最高。无论是租客本身，还是所属企业对接人，都表达出强烈的兴趣。市场中有很多交友平台和线上组织，需求大，供应多，但是否真的匹配不能保证。

于是 2020 年城方的交友活动线上线下一起出发，城方社区入住的青年多来自优质企业，有着同样的热情和生活圈，再通过各类兴趣爱好等进行匹配，线上搭建微信群、兴趣爱

图 2　城方社群文化活动

好群，选建租客负责人，自发组织徒步、桌游等娱乐活动；线下,由城方发起组织交友活动 30 余场,参与租客 800 余人。

三、 资源聚力整合，提供多元服务

租赁行业在探索消费服务时，场景营造、租客接受度、产品体验感等都是要考虑的核心问题。城方希望达成的多元服务，不仅是提高租客们的生活娱乐满意度，也为合作企业打开通路。

城方全年对接合作 1000 余家企业， 这些企业的担当和可靠,使大家自然拧成一股绳。为青年生活提供更多服务，高效整合、合作共赢！

作者简介

王颖
上海城方租赁住房运营管理有限公司
公寓第三事业部主管。

图 3　城方服务合作伙伴（部分）

图 4　城方生活 + 小程序

THE DIFFERENCE BETWEEN LARGE-SCALE HOUSE LEASING COMMUNITY AND CENTRALIZED LONG-TERM LEASING APARTMENT

浅析大型租赁社区与集中式长租公寓的区别

杨秀超 / 文

图 1　城方高能社区 · 上海南站店效果图

中国住房租赁行业发展仍处初始阶段，真正的大型租赁社区现在鲜有面市，很多假设还没有验证，但有一点共识，大型租赁社区是未来中国住房租赁行业发展的重中之重。基于近几年来对市场、对行业的观察，本文浅谈大型租赁社区与集中式公寓的 8 点区别。

一、项目体量不同

关于大型租赁社区这个说法，以上海为例，从上海土地市场官网查阅，目前已经作为房屋租赁相关用地的地块面积来看，截至 2020 年 10 月已经有 104 幅房屋租赁用地面世，合计约 860 万平方米。所以每一块地的平均面积在 8 万平方米以上，假设按照每套住房 60 平方米来算，平均每个项目总量在 1300 套以上，这与当前市场上的集中式长租公寓平均约 150 套的体量来看，约为 9 倍。而体量越大可以想象的空间也就越大，这也是与当前集中式长租公寓直观上最大的不同。这样体量的项目将以住宅形式建设，建设运营后既然是住宅，那也将并入街道，项目配套也将是后续探索和不断实践的方向，例如文化活动室、便民服务站、垃圾房、教育资源等。

从目前全国已有超 200 幅房屋租赁用地的城市分布来看，上海最多，其次的热门城市，如北京、深圳、广州、杭州、南京、成都等合计占全国租赁用地比例超 8 成。目前全国各地租赁住房目前数量、建设情况、政策等也是不尽相同，值得后续深入研究。

表 1 租赁用房户型配比

单套面积	数量占比			
	一室占比	二室占比	三室占比	其他
65m^2	58%	33%	6%	3%

二、户型结构不同

目前市场上集中式长租公寓的户型主要是在建筑面积为 25 平方米左右的单间，以及少量的一室一厅和两室一厅，但三室一厅或者三室两厅基本上就很难看到了。虽然房间小，但厨房、卫浴、储藏空间等配备齐全，然而这样的产品只适合短时间过渡和被动性消费，这也是目前集中式长租公寓平均租期只有 9 个月以下的重要原因之一。这样的产品存在天然不足，尤其在隔音、通风、漏水、杂乱等重灾区事项上。

但从各地方政府要求的租赁用地使用要求上来看，虽然在户型配比上仍要求一室户或一室一厅为主力户型，但面积上有所提升，如上海的 R4 租赁住房用地，基本要求单套建筑面积不少于 40 平方米（这样的面积完全可以做精致性的一室一厅）。因为租赁用地属于住宅用地，国家对住宅建设面积有相应的具体要求，如 2019 年版《住宅设计规范》（GB50096—2011）。除一室户外，根据不同的地段和建筑面积，两室一厅、三室一厅也不占少数。从了解到的某租赁住房企业的租赁住房面积和套数配比上来看，两室占比达 33%，从国家“房住不炒”的概念来说，符合服务不同人才的住房需求，这样对有家庭需求的客户也是很友好的信号。

三、项目配套不同

纵观集中式长租公寓的配套，非品牌公寓基本就只有接待厅，而大家熟知的集中式品牌公寓会配备健身房、洗衣房、娱乐配套、公共厨房、公共会客厅、屋顶花园等，以满足在住租客的基本需求。但从实际使用上来看，因为运营能力的不足，大部分项目的使用效率非常低，在项目招租、运营初期可能是一个卖点，但到后期因为维护、保养、使用等各方面的非专业性以及运营管理服务人手不足，给租客的感觉并不好。而且，有些公区的配套看上去是免费的，但实际上都是收费的，从整个项目的投资测算来看，公区的面积是均摊到了房间的套内建筑面积，租客实际上支付了这部分的房租。但试想，如果这部分面积从租客房间里拿掉，转而进行公区有偿使用，运营配以服务，相信项目的运营状况会更好，租客的体验会得到明显提升，这样的方式期望在大型租赁社区中能得到真正落地实现，因为大型租赁社区从目前的建设项目来看，不仅仅包含了租赁住房房源，不少的项目还包含了 20% 左右的商业生活配套。换言之，5 万平方米的项目可能会有 1 万平方米商业配套，其中包含的不仅是集中式公寓的公区功能，而且可能成为一个社区生活商场，包含办公、餐饮、教育、娱乐、健身等，甚至文化创意街区，可以满足自己和家人、朋友的学习、娱乐、社交等活动。如果这部分演变为自主消费，将有三点好处：

(1) 因为公区租金由业态运营商承担，租客房租不包括公共区域的面积，降低了租金。房东端的商业租金提升了整个项目租金水平。所以对于租客端和房东端都是好事。

(2) 有偿服务永远比免费更加优质，社区公共区域的品质和服务将得到提高，租客可以按需消费，体验度更佳。

(3) 更多更全的商业配套便利和丰富了租客生活，比目前集中式长租公寓和商品房社区会更加优质。

四、招租方式不同

因为体量和户型不一样，招租方式必然会有所不同。目前集中式长租公寓的建设周期基本在 3 ~ 6 个月不等，提前招租的时间在 15 ~ 30 天，招租方式集中体现在通过线上提前宣传以及线下基本的地推，甚至没有地推，开业后的招租方式是线上 + 中介等。如果以同等方式进行大型租赁社区招租，必然不能满足大型租赁社区的要求。这里的建议是，样板间需要尽早推出，虽然不要求按照住宅建设售楼部的标准，但这样的思维方向是可取的，有成熟的房型对外展示，让员工和租客都更有直观感知。在招租上个人认为三点需要改变，首先是目标租客要朝 B 端发展，例如学校、国企、外企等有高精尖人才的企业，这类企业有能力也愿意花钱留住人才。其次是宣传不局限于线上，更要到目标客群所在地进行线下宣传，例如把握好电梯广告、户外广告等。其三是开放定制化产品和定制化的需求。如果企业租客需求体量大而且周期长，例如复旦大学承租过 400 套用房，这样的体量和优质租客会给项目带来长期而稳定的收益和减少管理成本，但这类租客的需求往往就是要定制化。

图 2　城方高能社区 · 浦东南路店效果图

五、租客结构不同

因为招租方式不一样，租客结构也就不同。如果按照目前集中式长租公寓 C 端租客占比达 80% 以上来看，大型租赁社区的招租成本和管理成本会非常高。所以 B 端租客群体占比要提高，例如 40% 以上。同时，入住的租客群体要匹配一定数量的家庭租客，这样的租客要比单身或情侣租客稳定。此外，以信用卡评估的方式来对 C 端租客评估，也是不错的选择。总而言之，大型租赁社区的体量不能按照目前的短租约及低续租率去管理，稳定的租约关系是重点，这样才能节约管理成本，从而有精力来打造社区商业和衍生业态。

六、租期结构不同

目前集中式长租公寓的租客租约基本上最高 1 年，不少公寓也推出了 1 ~ 6 个月租约，还有专门推出短租约的项目。但对于大型租赁社区而言，是不可取的。之所以目前的集中式长租公寓租约锁定 1 年，其实很重要的原因是不少运营商都在投资测算表中体现每年租金涨幅 8% 左右，而现实中的租客又不买账，但运营商对未来还报有租金高增长的期望，所以形成了设置租期 1 年的惯例。但从目前实际情况调查上来看，实际平均租金涨幅并没有测算表中那么高，甚至近两年不少城市和区域出现租金下滑的情况并不少见。所以，对大型租赁社区而言，租约应该在 1 年以上，有 3 点可以作为判断依据。

(1) 根据《住房租赁条例（征求意见稿）》可以看出，今后对于每年的房屋租赁涨幅是有限制的，这点有利于促进租客端和房东端逐步达成共识，按照既定的租金涨幅来签订长租约；

(2) 与目前集中式长租公寓的租客结构的不同，前述部分提到的 B 端和家庭客户结构更有长租约需求，而房东也需要减少每年的重新招租、空档期空置成本等；

(3) 新建设的租赁住房在房屋质量、配套、户型搭配上更优，比很多小区都要好，也使租客端愿意签署长租约，所以 2 ~ 6 年的租约将会逐步流行起来。

七、管理要求不同

从大型租赁社区的建设方向可以看出，这里讲到的管理要求使产品更加趋向居家型，所以管理上也更倾向于小区化管理。以智能化的方式衔接客户端和服务端，减少面对面的服务。社区管理人员的工作应该往资源引导的方向走，例如引进优质匹配的商业来服务租客，开创智能化和线上化来服务客户需求，从而引导客户进行社区化、街道化和衔接好政府职能进行管理，实现在服务方式和服务态度上提升。同时，社区商业的招商、维护、资源整合、客户引导等将成为新的调整方向，这部分职能将取代目前社区的管家想做而做不好的那部分，例如健身引进一家全国知名健身运动品牌，社区管家同品牌商谈每周两次社区专场活动，每场 30 人，但价格会有比较大的折扣。这里的逻辑是社区管家的背后是大量的租客、有影响力的健身品牌及房东品牌，对于商家来说是看中这个社区的客户群体能进一步转化为忠实粉丝。

八、盈利模式不同

对公寓运营商来说，集中式长租公寓的运营方式目前有 3 种：重资产、中资产、轻资产，其盈利模式中核心还是租金差，虽然重资产一部分是资产的增值，轻资产可以靠管理费支撑，但这两者的背后还是要有能高溢价的租金涨幅才能实现资产增值和服务费高低，最后还是租金差的逻辑。但大型租赁社区可以有更好的方向。首先从国家政策和目前拿到租赁用地的企业可以看出，国家不希望租金大幅度增长，目前的租赁用地 90% 以上在国企手上，而国企也要完成国家的使命，故通过高租金涨幅和赚取高租金差收益将不可取，目前国企承

图 3　租赁社区商业服务空间示意

担的职责是租赁市场的稳定器和压舱石，如果其租赁住房按照市场租金的 9 折出租，这将直接影响区域房屋租赁价格，二房东也直接失去市场地位。这里并不是没有依据，如建设银行的“三大战略”—— 住房租赁、普惠金融、金融科技，住房租赁排在首位，这也将深刻影响租赁住房市场的发展。

那大型租赁社区的盈利模式在哪里呢？又如何填补租金差的利益呢？这里有三个方面可以参考，首先，大型租赁社区都是重资产，稳定的租金收益对于房东端来说是资产增值非常重要的一块，租赁住房租金差利润做到 10% 还是可行的，待国内的金融工具 REITs 成熟后，那么可以通过租金差利润去填补 REITs 约 6% 利息，房东端实现资产的稳定增值。其次，稳定的租客群体有利于引进优质的服务商家或创意社区服务，商业部分带来的收益不可小觑，如果商业可以采取联营和向外发展商业委托管理的合作方式，盈利空间将进一步提升。最后，大型社区通过线上化和智能化来提供租客端的日常服务可以节约成本，同时联动商业有不少可以探索的空间，如家具租赁、搬家、租车、以租代售等，都可以进一步发展，这点在美国的 EQR 上有过实践。

当然，目前集中式长租公寓和大型租赁社区还有很多不同，例如社群模式、管理人员要求、客户管理标准、智能化服务要求等，但核心还是围绕产品设计、商业配套、体量大小、客户结构来考量。未来的租赁社区与现在的不同，将给租住这个市场注入新的活力，也将极大地影响目前房屋租赁市场的格局，后续的变化将值得进一步探索和研究，我们一起拭目以待。

作者简介

杨秀超
上海城方租赁住房运营管理有限公司
公寓第一事业部营销负责人。

KEY WORDS OF HOUSE LEASING MARKET DEVELOPMENT

租赁住房市场发展的关键词思考

胡世杰 / 文

2020 年的租赁住房市场，似乎进入了下行的调整与整顿期。但是危机之中，也是提升市场健康度与竞争力、使行业形象焕然一新的好机会。回顾其中，有三个关键词是行业热词："监管""爆雷""租金贷"。本文将就此分别进行阐述。

热词一：监管

从 2019 年年末杭州新政推出开始，监管这个词就一直是租赁住房市场行业的热词。2020 年，行业的监管政策正逐步从个别试点转为集中推出，未来这也是全国整体行业的发展趋势。

在中央层面，住建部在 2020 年 9 月发布了《住房租赁条例（征求意见稿）》，这被业内看作是租赁住房市场政府监管在顶层设计立法工作的重要一步。

相关文件经过梳理，可以发现对于租赁房源的装修及房屋本身的质量监管、租赁合同规范性管理、租赁指导价格的设定、租客租房期间的约束、规范租金贷款、规范经营主体、鼓励部分房源转性等都有了很明确的规范内容。这表明国家对于整顿租赁住房市场乱象、提升整体行业健康度、提高整体行业透明度、降低金融工具的滥用度的决心。

在此基础之上，各地纷纷响应国家号召，开启了一系列的城市监管政策出台浪潮。从杭州、西安到成都，再到深圳与南京，不少城市也正在酝酿相关的政策出台。

2019 年 12 月 11 日，杭州正式开始实施两部有关租赁住房的监管办法——《杭州市促进住房租赁市场发展专项扶持资金管理办法》（下称扶持管理办法）、《杭州市住房租赁合同网签备案管理办法》（下称备案管理办法），另外还有 2020 年 1 月 1 号起生效的《杭州市住房租赁资金监管办法》（下称资金监管办法）。

2020 年 8 月，杭州又进一步在框架办法下推出了实操层面的《关于进一步落实住房租赁资金监管相关工作的通知》，正式启动了租赁资金的监管。新规全面而有效地提升了政府对租赁住房市场的监、管、扶三方面的功能，可以预见这将成为租赁住房业态的健康、有序、平稳发展，以及租客的租赁权、知情权等权益保障很强力的稳定器。

杭州的相关政策对全国的租赁住房市场发展的政策监管也是一个有益的尝试。当前，租赁住房已经在各大城市如火如荼展开，但是粗放型的扩张往往不能解决民生安居，长

期的放任反而会导致各种问题爆发，监管职能的缺位、部分不良企业的骗局，让租客利益无法得到保障。可从当前租赁住房市场来看，属于微利且需要长期投资的行业，前期投入资金需要一定的回血与经营性投入的再支出，也许会对当前行业的整体发展速度与进入门槛有一定阻力。所以综合来看，杭州的政策比较适合大中型且租赁住房市场发展进入平稳期的城市，因为后续如何让企业和部门更加平稳过渡去逐步适应新政仍是一大现实挑战，所以过早的、近乎完备的监管体系打造可能不利于初期租赁住房市场兴起和规模打造，更适合租赁住房市场平稳期的监管，提升整体健康度与长期持续发展。

当然，监管势在必行，未来估计监管政策从初步试行到正式实行，会越来越健全，试行监管政策也建议根据市场反馈进行监管力度与重点的调整与完善。严格遵守监管政策，提升企业健康度，规范企业自身经营行为，将是未来企业生存的要点。

热词二：爆雷

2020 年的租赁住房企业“爆雷”其实大致分为两类，一类是“割韭菜”，其原本就是打着“捞一票”就走的目的；另一类是经营不善，更多是由于疫情对行业的整体影响、经营思路出问题、运营资本不健康等综合因素影响。

2018 年至今，长租公寓已经连续“爆雷”超过 170 多家，房东和租客深受其扰。租赁运营商跑路后“一地鸡毛”，双方的矛盾突出。其中大多是因“高收低租，长收短付”的经营模式导致。

而关于租赁代表企业的“爆雷”，已经有很多的新闻评论或行业思考。有的从民法角度出发，探讨同为受害者的租客与房东如何维护个人权益的前提下，互相理解沟通，尽可能防止事态不断升级；有的从行业监管角度出发，建议政府政策致力于长租公寓市场健康发展的监管与维护；有的从金融资本角度出发，讨论各种“租金贷”的金融产品的弊端与资本的退潮问题。本文以“爆雷之后”的启示为视角，思考长租房市场未来发展趋势。

首先是分散式长租公寓模式如果持续过度依赖资本，必将走向失败；专业化、机构化、集中化长租公寓模式终将会大浪淘沙始见金。

从资本上来说，大量的事实案例证明，分散式长租公寓想要实现盈利，是在行蜀道。它需要始终维系一个极高的出租率，对运营能力也有极高的要求。健康的资本投资是有

自我的评估与判断的，如果持续不断地投入，长久都很难看到盈利的项目，良性资本是很难持久的。那么为了资本的注入，其必须打响所谓的“规模”旗号，于是长租公寓的运营就开始发生恶化。为了吸引投资，部分企业过分追求运营规模，用多重烧钱补贴吸引租客，通过哄抬市场价来吸引房东。“租金贷”就被恶意利用了，成为一种没有风控和底线的资本运作工具。有很多人都归咎于各种外因，但通过上文分析，其初心不正种下了种子，注定最后会结出恶果。本就孱弱的长租公寓盈利模式，过度依赖资本，即便产生规模效应，也很难长远地覆盖运营成本、资源成本、推广成本等各类支出。

从业务上来看，第一批长租公寓市场脱颖而出的运营商靠的是靠谱的服务。比如真实房源、透明价格、公开流程等，让自己建立客户口碑与品牌；后来，互联网的加持又使一批长租公寓运营商冒尖，他们靠精准的大数据去重新理解市场，更精细地瞄准客户、分层市场，实现更科学的决策和判断。但是随着时间推移，这些长久以来的可靠品牌，逐渐失去了本来的优势。为了节约成本，客户服务日趋减质减量；为了推广成本，房东资源被集体哄抢。

专业化、机构化的集中式长租公寓模式为什么会有优势呢？第一，从资源上来看集中式的供应房源，往往背后有一定的自持资本，也会更方便通过设计、发行可靠的金融产品去吸引良性资产的健康长期投资，共同分担风险，分享收益；第二，从出租对象来看，集中式的运营模式可以更容易实现 B2B 的运营模式。大客户的蓄客既可以为运营商提供长期稳定的租约管理收入，也可以为租客提供个性化的租赁服务定制（比如装修、功能改造）；标准化的产品结合个性化的改造，从而达到双方共同的满意度提升，实现双方的共赢；第三，集中式的长租公寓更容易打响品牌，做好品牌，集中式的运营模式不会轻易扩大规模，深度消化自我资源库存、挖掘自我资源潜力、提升自我业务能力，持久维稳地运营势必将用时间换来品牌；最后，有可靠的服务、互联网加持，集中式长租公寓运营可以更轻松实现上述的业务要求。当前，互联网的大数据平台对长租公寓十分重要，谁更能通过精细准确的数据去掌握、理解市场，就能更科学地业务决策，更有理地细化需求，更稳健地扎根市场，乃至更快速地捕捉下一次的风口机会。

从这个市场的发展趋势来看，这一轮行业代表企业的“爆雷”是影响深远的。“爆雷”之后，只可能两条道路，一条是靠其他市场参与者来接盘；一条是继续“摆烂之旅”，走上如 OFO 的偿债之路。当然，作为国家政策导向的民生工程，应该还是偏向于会走第一条路，有经营能力和接盘能力的企业会伸出援手，来降低事件的负面影响。

热词三：租金贷

从行业发展和政策导引来看，公开透明的资本工具进入租赁住房市场是大趋势。

近年频繁登上热搜的“租金贷”被滥用，往往符合以下两个条件：一个是租赁运营商在租客不知情或未完全知情的前提下，诱导其签订金融协议，快速获得本金实现回款；另一个是租赁运营商把租客的贷款本金又拿去大力扩张房源并吸收新的房源。这样，一旦资金链开始出现问题，那么跑路之后，租客就将直面房东，造成不小的社会矛盾。

但是其实，“租金贷”只是一种工具。如果监管到位，使用合法，信息透明，则其会对租赁住房市场发展有很大裨益，租赁运营商可以灵活调节自己的现金流与资本还款周期，对于许多手头并不宽裕但具备稳定收入来源的租客来说也是福音。

租金贷的主要风险是租赁住房现金流管理的风险，企业的现金流管理才是问题的源头。从行业发展的整体趋势来看，建议租金贷的使用满足以下条件。

(1) 预收租金的用途需要被规范，可以应用于自身正常业务发展范围内的房租、装修等经营性支出上，而不要用在扩充房源、拓宽业务上，以防止陷入资产泡沫。

(2) 选择匹配自身企业发展规模、资产规模的金融产品，不要过分消费明天、透支未来。量身定做，适量发行，才能在现金流万一出现问题时可通过其他金融工具或担保途径等解决问题，使企业缓过来。

(3) 要按照自愿、公开、透明的原则与租客签署租金贷协议，避免“高收低租”行为，按照市场指导价格定价，租客也要警惕低价陷阱，不要贪图便宜。

当前，不少资本机构看衰长租公寓市场，对行业的信任度大打折扣。但是危机一词的巧妙，就在于危险之中亦有机遇。相信通过整顿市场乱象，强化市场监督，扶持集中式公寓企业孵化，长租公寓市场参与者与房源重新洗牌，能够淘汰一部分投机客的存在；而不是发生劣币驱逐良币、泡沫膨胀，使行业陷入资产的堆砌、资本的博弈、房东的怒气、租客的怨气。

最后，让我们在未来共同抚平阵痛，减少泡沫，健康市场，规范经营，稳步发展，砥砺前行。

作者简介

胡世杰

供职于上海地产住房发展有限公司资产经营部。

WONDER LIFE
城方
五心
租住生活体系
INTIMATE
GROWTH
COMMUNITY
知心
成长社群
酵母计划 助益成长
会员服务 专属权益

DIVERSIFIED OPERATION SERVICES ACTIVATE COLORFUL LIFE

多元运营服务激活缤纷生活

王沁 / 文

图 1　现有城市配套跟不上新的价值取向和审美

都市的灯红酒绿与华灯璀璨，令无数年轻人向往。每年，来自各地的优秀年轻人来到充满魅力的城市，渴望通过奋斗在都市中拥有自己的一扇窗。他们告别小城温暖的家，带着梦想来到他们向往的都市，却不曾想， 以自己刚毕业的起薪能够且必须接受的，很可能是一个比自己年纪都大的小区中一间装修老旧、空间局促的卧室，楼下是充满市井气息的包子馒头店、小菜市场和五金店。曾经幻想在大城市吃美食、喝咖啡，结果楼下只有世纪联华、沙县小吃和黄焖鸡米饭，周末一日三餐大多靠外卖解决；曾经周末要去市图书馆吸收最前沿信息的充电计划，结果发现坐地铁过去就要一个小时，办了一次借阅卡，就再也没用过；曾经想象要成为练出一身人鱼线、马甲线的健康达人，却在一次次的加班后，碍于健身房的遥远而一再放弃。

一线城市较早的开发时间使城市得到更好发展机遇的同时，也带来了人口的日益增长，使城市配套的不足与落后与年轻人的不断涌入形成了矛盾，同时相比一些新城或者二线城市新开发的区域，过早开发的城市配套和界面渐渐跟不上青年人的价值取向和审美。

政府主导、国企开发的租赁社区通过对青年客群喜好的深入调研，以共享空间和开放街区的规划形式，通过制定符合年轻人喜好、因地制宜的业态运营手段，点亮青年人才初到城市的缤纷生活。

一、租赁社区面对的是城市最有活力的青年人才

租赁住房产品面对客群来自全国乃至全球的青年人才，他们拥有高学历、高智商、高收入，愿意且有能力在上海实现自我，贡献价值。相比“70 后”“80 后”，他们更崇尚彰显个性的生活。他们一面是都市白领、程序员、金融分析师、自媒体创始人，另一面是时尚博主、美食达人、“猫奴”、

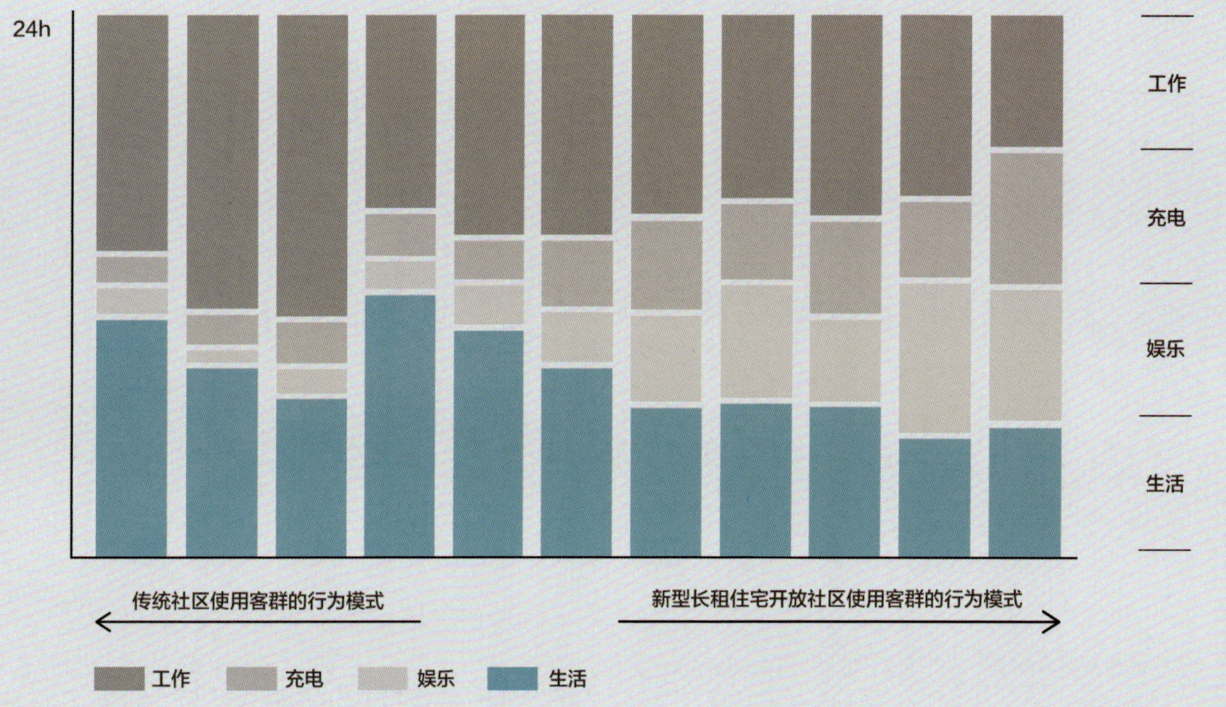

图 2 青年客群需求调研统计

“知乎大咖”。他们有着国际化的生活方式、丰富的精神生活和不平庸的审美品位，他们是城市最有活力的新生力量。

我们在与城方在租赁住房配套的研发过程中，对一线城市青年人才生活状态进行了详细调研，归纳出他们的居住诉求：①超市、娱乐、社交空间是理想居所的标配；②除居住需求外，对职业成长也有巨大需求；③居住空间向社交空间、工作室等形式演变；④需均衡满足工作、学习、娱乐、生活四大核心需求。

相比传统社区 ,租赁社区客群除了居住的基本诉求外，更需要丰富多元的精神文化活动、社交活动以及职业、个人发展的空间。整体项目应充分考虑客群的空间需求，为他们提供 5 ~ 10 年的生活发展平台，成为上海“职住平衡”的居住社区。

二、共享空间与开放街区的规划形式凝聚社区活力

现有商品住宅租赁户型大而全，套内非必要空间的存在间接提升了租金，同时社区内部配套较少，需借助区域和城市级公共配套，对人才的居住来说存在一定不便利。

为了更好满足新一代青年人才居住需求，在纵向空间上，租赁住房产品将采用灵活的模块化产品体系，将套内空间保留给基本居住需求，同时将发展需求外置，形成共享空

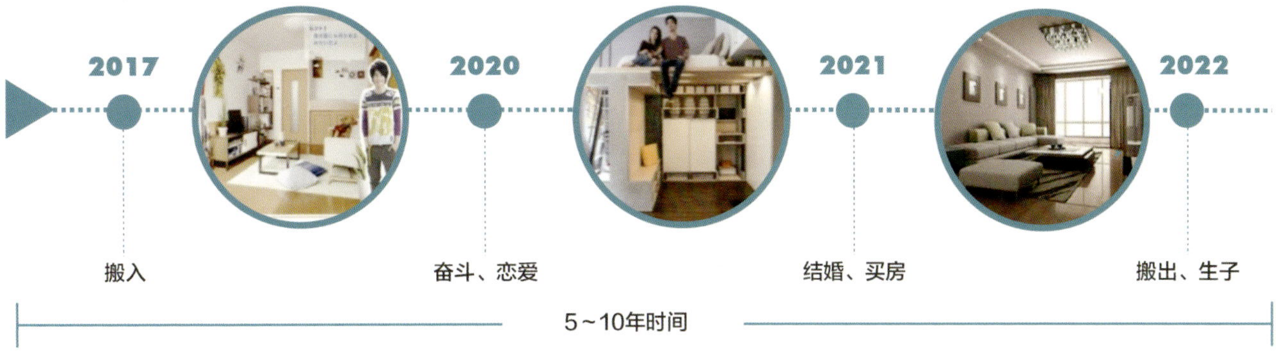

图 3　租赁住房客群居住周期

图 4　发展需求外置的共享空间理念

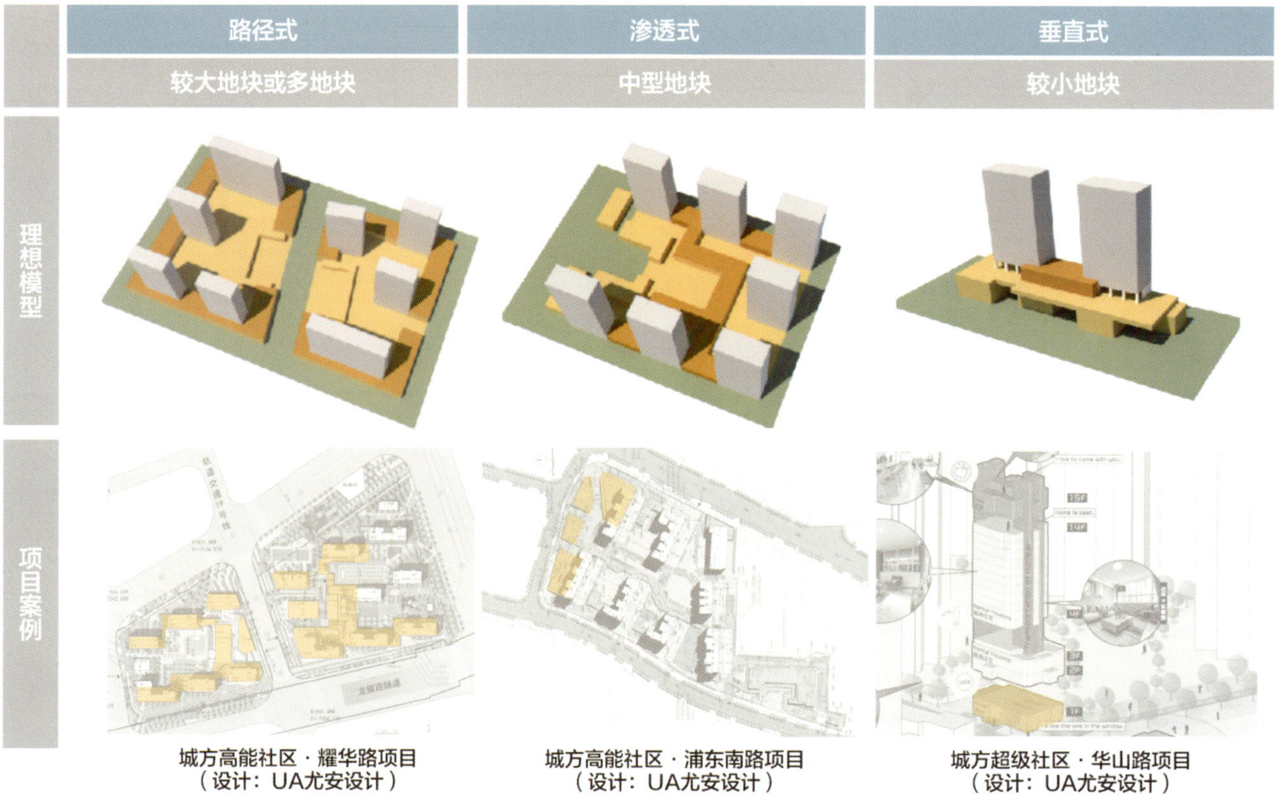

图 5　开放街区理想模型

间，使住户能以较低租金在保证居住空间的基础上享有更大公共空间，同时享有更为完善的公共配套设施。

在横向空间上，租赁住房社区学习纽约炮台公园开放街区案例，每个地块向城市贡献不少于 50% 的开放空间，其中开放空间约为 30%，半开放空间约为 20%，在街角设置小公园，小公园内布置运动场地，退让形成小广场社区。主要步行入口不直对城市街道，以商业街区或小广场过渡。鼓励开放空间和配套设施相对集中布置，保证地块内形成一定的私密空间。

开放到私密空间的布置以“街道—社区入口—单元入口—户门“串联起的回家路线作为主要线索。对较大地块或者多地块，以“街道—社区入口”为线索，以城市道路为主沿途布置商业。对于中等规模地块，则主要布置于“社区入口—单元入口”，形成空间层次的渗透。对于小规模地块，则充分利用“单元入口—户门”的垂直空间，采用上住下商的形式，布置配套内容。

三、因地制宜、符合消费新趋势的配套业态

打拼和更好发展是青年人才到城市最重要的主题。租赁住房以社区为载体，以“生活、工作、文娱”需求为引擎，解决人才于城市未来发展的核心问题。城市人才在发展阶段

图 6　城方高能社区 · 雪野路店效果图

THE BEAUTY OF CLOTHES AND FOOD IN THE LIFE BY HOUSE LEASING

租住生活下的衣之美与食之美

殷田 / 文

之所以成为租住生活的一分子，一方面是为了便捷自己的日常通勤，另一方面也是为了体验三十而立的自主生活。我和我的租住小屋在一起已朝夕相处近一年的时光，租住小屋对我而言不仅仅是简单的居所空间，更是互相感知、互相磨合的一种生活方式，空间虽不大，但却流露我所向往的美好生活。如果非要对生活做个笼统的定义，我想“衣”“食”“住”“行”再合适不过了，而“衣”与“食”放在前面，自然也是与生活最为贴合且紧密的，所以不如就聊聊我自己的租住生活中对“衣”与“食”之美的理解。

一、衣之美

聊起衣服，肯定是日常与自身生活极为密切相关的，而衣服的作用在当今已不只是御寒保暖。随着人类文明的发展，人们已对其赋予了更多的附加值，包括时尚、礼貌及情感。英国伦敦艺术大学校长格雷森·佩里在《男性的衰落》一书中写道：“我们的穿着是视觉语言重要的一部分，能告诉外界我们希望被怎样对待。我们装扮自己的外表，以更好获取我们想要的那种人际关系。”很难相信我作为一个男生，也是一个热衷逛街购衣之人，通常都是当自己的形象顾问，也经历过一时兴起的购物，但实际没穿过几次就将其冷落在衣柜角落多年。

多次踩雷后，自我也总结了一些对衣之美的小小心得，实际搭配一身好看的行头并不是在衣柜里翻箱倒柜式地搜索和举棋不定地试穿，其实往往自己最喜欢的衣服屈指可数，恰恰最满意的一身也是自己最常穿着的。再细想之前在服装上的冲动消费与犹豫不决，是因为我们还

图 1　按自己的喜好布置的租住小屋

不够了解自己的身体，还不够了解自己的个性，总是本末倒置般被服装迁就着走，服装最能够反映从生理到心理的成长历程。自打对衣柜的衣服做了几番断舍离后，我的内心和衣柜的空间也不谋而合舒坦了许多，舍去的不仅是穿搭上无谓的烦恼，更是性格上的不自信。被誉为全世界最会穿衣服的男人 Nick Wooster，虽已年过半百，但腔调十足的个人着装风格及生活品位使他成为深耕时尚圈潮流的风向标。令人出乎意料的是，这位潮流大叔出门仅花 20 分钟即可完成所有的穿衣搭配，利用出门前洗澡的时

图 2　男生的衣帽间

图 3 自制食之美

间来思考穿什么，并根据当天的天气和所出席的场合来决定，非刻意，不做作，但又秉承自己的穿搭风格和情趣。

当衣服上升到服装概念时，涵盖质感、色彩，以及造型，而这一切也与视觉、触觉发生关联，衣之美所传达的不局限于外在的良好形象，更是直观展露自我个性与生活态度的窗口。当然我也始终认为适合自己的衣服也应该是穿着后身体和内心都应觉得舒服安适的，有些衣服看似华丽精美，但穿在错的人身上就堪比一场视觉灾难。盲目追风的“美”只会让大家感觉到陌生与害怕，这种距离感往往也会让自己越发缺乏自信，因为潮流的东西总是瞬息万变，而自我想要对外表达的个性和态度往往又可通过穿搭变得很个性、很主观。

我很喜欢将自己的专业与生活美学相关联，在服装时尚方面，其实细想与室内设计也有些不谋而合的共性，一个是用来装饰身体，一个是用来装饰空间。将空间内的装饰材料选样布局在一起，就像你准备为迎合不同场合而准备的穿衣打扮一样，身体等同于建筑，对于不同建筑属性、体量、尺度对应服装穿着的场合、版型、尺码，不论是装饰材料还是服饰样式，共同目的都是围绕突出本体主题，表现手法皆可以通过色彩、比例、细节等方面来表达自己的心思，这样看来是不是穿衣搭配与室内设计也有异曲同工之妙？反正我觉得挺有趣的。

在“衣之美”的探讨里，我很希望大家在服装美学里发掘出自己独特的品位、独特的思考。“衣之美”中的“美”实际就是从生活里面提炼出的一些思考，我一直相信经过思考过的物质就会产生不同的情感。就好比从小到大我觉得最温暖的毛衣并不是出自名品大牌，也不是选用多名贵柔软的织线，而是母亲一针一线织的那件蓝色毛衣，沉甸甸的，不仅是因为毛衣的重量，更是因为母亲对孩子无私的爱。所以我常常会感觉到美并不

图 4　租住下午茶的食之美

图 5　自制番茄羊肉面

是价格，人心才是最宝贵的，当这份心以爱为媒介传递到衣服上时，身体和内心也会变得格外温暖和美丽。

二、食之美

现代忙碌都市，工作与生活对于许多上班族来说已经很难分开，“好好吃饭”四个字曾是对孩童时代顽皮耍赖时的谆谆教诲，如今听起来却颇有几分心酸和无奈。“填饱”式的伤心行为不得不说是对“吃”的一种糟蹋，工作节奏的快速匆忙似乎也让现代年轻人忘却了味觉，仔细想想自己多久没有静下心来细嚼慢咽一顿美食，努力回忆自己最近一次从买菜到张罗一顿饭菜是什么时候，我想缺失的不仅仅是好好吃顿饭，也可能错失了与亲朋好友难得的交流与陪伴。所以不妨从食物讲究上来多爱自己一点，吃得品质好一些，更有温度一些。这样既满足健康营养，也让“吃”这件事更趋于美学。

当“吃”与美学关联，我觉得用“品味”二字则更为准确，翻译成英文为 Taste，你会发现“品”“味”都是在讲味觉。细看“品”字，由三个“口”构成，人也真的是从吃开始，有所讲究，不再草率，所以我觉得“吃”真的是人类认识美的一个最重要的开始，但恰恰这最起初的食之美被我们在忙碌中一次次忽略掉，实在可惜！再细看“忙”字，左边是个心，右边是个亡，顾名思义就是心灵死亡，生活美学与忙肯定是无缘的。

2020 年的 11 月，似乎是自己的水逆期，总是小病缠身，没少去医院，印象最深的是身患急性胃肠炎后，整夜反复进出卫生间，“感觉身体被掏空”的金句用在当时的我身上再合适不过了。待身体逐渐康复后，暗自下决心要动手做饭，好好吃饭，告别一次次饭点时向外卖无助地妥协。喜欢做面

条一方面是因为操作流程不繁琐，易上手；另一方面其适配性很高，既包含主食，又可根据个人喜好添加自己喜爱的配菜和调味，汤面的营养也会根据食材色泽的冷暖与明暗相辅相成。一碗好吃的面食旁怎能没有饮品陪伴，自己动手做的柠檬冷萃也让原本略带苦涩的咖啡增添了一些惊喜，而这不也正像生活一样，有些事情本以为很平淡，但亲力亲为后却别有一番精彩。因此在食之美中其实很容易发现快乐和

图6 自制柠檬冷萃

惊喜，就是因为从生活的小细节做起，与其狼吞虎咽地填饱肚子，不如依据自己的喜好享受一次烹饪的机会，品尝精致食物之美，体会食材在口腔里的丰富感受。当为吃增添了一种仪式感时，生活之美也会充满惊喜与温度。

记得一次街头随机采访，询问路人最爱吃的一道菜是什么，给我印象最深的答案不是什么米其林餐厅的星级菜品，也不是什么制作工序繁复的山珍海味，而是其中一个男生提到的外婆亲手包的荠菜饺子。荠菜、猪肉都是外婆一大早去菜市场精挑细选的，他虽没和外婆一起去买菜，但脑海里能浮现出一位七十多岁的老人在菜场拉着小推车，货比三家地筛选最具性价比食材的情景，饺子皮也是外婆亲手擀的，每一道工序都是外婆亲自操刀，常年在外地工作的男生，外婆对他满满的爱似乎都包在了这一个个肚滚腰圆的饺子里，颇为感动！因而让我对“吃”又多了一层理解，我们吃东西，不只是求饱，

图7 心向花开

图 8　笑面生活

也在消化一份情感，土地的情感、物的情感、人的情感。

我们的生活离不开“衣”“食”“住”“行”，即使是和我一样加入租住的生活，也同样应该满怀对生活的热爱、对物质的感谢、对情感的真挚。“房子是租的，但生活不是。”这并不是一句口号，而是每一个租住人秉持对自我的乐观、进取、阳光的生活态度，将生活过成自己向往的样子，美好的愿景也会在身边一点一点实现。

作者简介

殷田
上海城方租赁住房运营管理有限公司
技术管理部设计经理。

城方超级社区·红宝石路店

城方高能社区·浦东南路店

图书在版编目（CIP）数据

租赁居住权益服务 / 上海城方租赁住房运营管理有限公司主编 . -- 上海 : 同济大学出版社 , 2021.3
（新时代租住）
ISBN 978-7-5608-9833-9

Ⅰ . ①租… Ⅱ . ①上… Ⅲ . ①住宅市场 - 租赁市场 - 研究 - 中国 Ⅳ . ① F299.233.5

中国版本图书馆 CIP 数据核字 (2021) 第 051477 号

新时代租住 03

租赁居住权益服务

上海城方租赁住房运营管理有限公司 主编

出 品 人 华春荣
责任编辑 由爱华
责任校对 徐春莲
装帧设计 吴雪颖
出版发行 同济大学出版社 www.tongjipress.com.cn
（地址：上海市四平路 1239 号 邮编：200092 电话：021-65985622）
经 销 全国各地新华书店
印 刷 上海安枫印务有限公司
开 本 889mm×1194mm 1/16
印 张 5.5
字 数 176 000
版 次 2021 年 3 月第 1 版 2021 年 3 月第 1 次印刷
书 号 ISBN 978-7-5608-9833-9
定 价 55.00 元